Ma famille, mes fantômes

Isabelle de Roux
et Karine Segard

Ma famille, mes fantômes

S'affranchir de la dette familiale

Albin Michel

À nos aïeux nombreux,
à Henri,
à Nicolas,
à nos enfants,
à Claire, Félicia et Thomas,
à Arthur, Alixe, Achille et Amélie.

Introduction

Depuis quelques années, des domaines aussi vastes que ceux de la médecine, de la psychiatrie, de la psychologie, de la psychanalyse et de la sociologie reconnaissent l'importance et la légitimité de l'approche transgénérationnelle, intégrant cette nouvelle manière de voir et de comprendre tant dans leur recherche que dans leur pratique. Selon cette approche, chaque génération serait porteuse d'enjeux affectifs, culturels et sociaux hérités des générations précédentes. Ces enjeux ne peuvent être passés sous silence, sous peine d'en accroître considérablement les effets conscients ou inconscients sur les générations qui suivent. Si l'accent est volontiers mis sur les effets nocifs de cette transmission, il existe pourtant des effets bénéfiques, trop souvent sous-estimés. Ces effets, nocifs ou bénéfiques, demandent donc à être départagés avec discernement, afin de rejeter ce qui pourrait être une entrave et de ne pas mettre au ban ce qui pourrait aider à l'évolution personnelle.

L'approche transgénérationnelle s'est inscrite progressivement dans le courant des sciences humaines. Freud, à son époque, faisait l'hypothèse de « traces mnésiques » laissées par les générations antérieures. Ainsi le langage symbolique du rêve se réfère-t-il, pour une part, à l'histoire fondatrice de l'humanité. Jung a largement développé cette hypothèse. Selon lui, un « inconscient collectif », nourri d'archétypes universels transmis d'une génération à une autre, constituerait le soubassement de l'inconscient personnel.

Dans les années 1950, psychiatres, psychologues et psychanalystes mettent en évidence l'importance du contexte familial sur le développement de l'enfant. L'école systémique de Palo Alto, aux États-Unis, a largement participé à cette prise en compte. Plus tard, le psychiatre et psychanalyste américain d'origine hongroise Ivan Boszormenyi-Nagy initie la thérapie contextuelle et fédère les diverses approches de thérapies familiales, américaines et européennes. Il est à l'origine de concepts désormais incontournables. Celui de l'« éthique relationnelle » renvoie à l'idée d'un grand livre des comptes à travers les générations ; lorsque les comptes ne sont pas bons, les générations qui suivent risquent fort d'en pâtir. Un autre concept clé est celui de la « loyauté », visible ou invisible ; à l'intérieur de la famille, certains s'obligent à être loyaux, à adhérer consciemment ou inconsciemment à des valeurs ou à des croyances qui ne leur ressemblent pourtant pas.

En France, cette compréhension transgénérationnelle a été enrichie par de nombreuses recherches. Ainsi, Nicolas Abraham et Maria Torok ont développé les concepts psychanalytiques de « crypte » et de « fantôme ». Ils ont démontré les ravages d'un traumatisme tu ou d'un deuil gardé silencieux. Ce qui n'a pas été dit à une génération, parce que trop douloureux, s'enkyste. Se crée alors une crypte à l'intérieur du moi, qui agira sur la ou les générations suivantes.

L'effet de l'événement crypté sur l'inconscient d'un sujet est nommé « travail du fantôme ».

Serge Tisseron, psychiatre et psychanalyste, s'est attaché aux répercussions du « secret » à travers les générations, qui se révèlent souvent plus néfastes que le contenu du secret lui-même. Robert Neuburger, psychiatre et psychanalyste lui aussi, a défini le « mythe familial », transmissible de génération en génération. Ce mythe, nourri de croyances et de rituels divers, se comporterait comme un véritable mécanisme de défense vis-à-vis du monde extérieur, au même titre que les mécanismes de défense individuels. Il assurerait ainsi la cohésion du groupe familial.

L'analyse transgénérationnelle, plus communément appelée « psychogénéalogie », est une démarche dans l'air du temps. Malheureusement, elle donne lieu à de nombreuses confusions. Certains s'interrogent sur la possibilité de « faire une psychogénéalogie », comme s'il s'agissait d'un module de développement personnel. D'autres se lancent aveuglément dans des expériences de groupe, où ils mettent en scène leurs constellations familiales, souvent en l'absence d'un cadre thérapeutique. Dans les deux cas, il ne s'agit aucunement d'analyse transgénérationnelle.

L'analyse transgénérationnelle s'inscrit toujours dans une thérapie. C'est une grille de lecture, un outil thérapeutique à la disposition des psychanalystes, des psychothérapeutes, des psychiatres et des psychologues. Cette approche se révèle particulièrement pertinente lorsque les souffrances du sujet ne trouvent pas d'explication dans son histoire proche ou qu'elles lui semblent disproportionnées. Le sujet, à son insu, remet alors en scène des situations familiales passées dont ses ancêtres n'ont su venir à bout. L'approche trans-

générationnelle oblige le patient à s'interroger, avec le thérapeute, sur le poids des oublis, des tabous, des événements
réels ou fantasmés, mal élaborés ou tus dans sa famille. Ce
travail rend intelligible des discours qui resteraient sans cela
incompréhensibles, incohérents.

L'analyse transgénérationnelle peut être envisagée
d'emblée ou en complément d'un travail de type analytique
classique. Ces deux lectures ne s'opposent pas mais s'enri-
chissent l'une l'autre. L'analyse transgénérationnelle, qui
met l'accent sur la relation entre soi et les autres, complète le
travail de type analytique essentiellement centré sur le moi
intime du sujet. Elle insiste sur le rôle des croyances, des
valeurs et des modèles familiaux qui ont forgé l'individu à
son insu. Elle porte le regard au-delà. Élargir la compréhension de la problématique du sujet aux générations précédentes permet de comprendre ce que le regard au plus près
ne pouvait voir.

Dans ce livre, huit histoires vont vous raconter ce que
beaucoup vivent à bas mots. Les éléments qui permettraient
de reconnaître leurs protagonistes, bien réels, ont été modi-
fiés avec soin, en accord avec eux, pour respecter leur vie
privée. Mais leur volonté de témoigner vous permettra de
vous familiariser avec la thérapie transgénérationnelle et de
comprendre sa pertinence, lorsque la souffrance du sujet est
inscrite dans l'histoire des générations.

Ces témoignages prouvent l'existence et la force de
l'héritage familial, dont personne ne peut faire l'impasse.
Chacun a le droit de l'accepter ou de le refuser, mais ce legs
familial est incontournable. Il pèse plus ou moins lourd,
avec pour certains le sentiment d'une fatalité qui s'acharne,

pour d'autres celui d'être condamnés au bonheur. Ce bagage familial est rempli de personnages, morts ou vivants, d'événements, d'anecdotes et de légendes. Il contient également des convictions, des croyances, des valeurs inébranlables, qui vont jusqu'à constituer de véritables mythes familiaux. Cet héritage peut être affiché, claironné sur tous les tons, ou tu, voilé, et même volontairement dissimulé. Il transmet des autorisations et des interdits auxquels certains adhèrent aveuglément, tandis que d'autres choisissent de trahir.

Les problématiques évoquées à travers ces histoires offrent un éventail de ce qui est le plus fréquemment travaillé au cours des thérapies transgénérationnelles. L'histoire de Cordélia démontre les ravages de la transgression d'un interdit au sein d'une famille ; il y sera question du couple, du choix de l'autre et des répercussions du secret. Celle de Geoffroy témoigne de la difficulté à trahir les valeurs familiales ; cette loyauté exacerbée de génération en génération ira jusqu'à le pousser à se mettre volontairement en échec. Les sœurs de Dominique, à travers leurs conduites addictives, permettent de se familiariser avec l'éthique relationnelle familiale et son impact ravageur en cas de dysfonctionnement. Le récit de Laure révèle le rôle du père, souvent sous-estimé ou ignoré ; il met l'accent sur le travail de deuil et illustre la notion de crypte, survivance fantomatique des disparus en cas de deuil non fait. Les années d'enfance de Pierre et de Paul dévoilent cet indicible qu'est la rivalité fraternelle, où la puissance de l'enjeu est rarement reconnue par les parents. Le couple de Yolaine questionne sur la liberté dans le choix amoureux ; il suggère la force de la reconnaissance inconsciente de ce qui nous est familier et démonte la mécanique diabolique du jeu bourreau-victime. Pauline,

13

quant à elle, se retrouve confrontée à l'amour dévastateur de sa mère pour sauver sa relation à sa fille ; ce récit souligne le versant négatif d'un amour maternel qui s'est propagé à travers les générations et qui a interdit aux filles d'être autres que filles de leurs mères. L'histoire de Constantin, enfin, montre jusqu'où un homme et une femme peuvent s'unir pour échouer dans leur couple ; la question de la pertinence de la demande du patient y sera abordée, demande qui doit être personnelle et nourrie par une forte motivation.

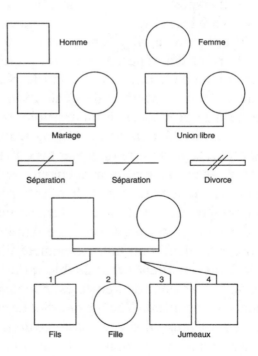

Légende des génogrammes

Chacune de ces histoires précise et explicite les concepts clés de la thérapie transgénérationnelle qui se réfèrent aux courants classiques et reconnus : la psychologie, la psychanalyse, la psychosociologie et l'approche thérapeutique familiale ou systémique. La thérapie transgénérationnelle a cette particularité d'allier et de confronter ces différentes approches. Elle refuse l'enfermement dans quelque école ou champ de pensée que ce soit, ouvrant ainsi des perspectives thérapeutiques puissantes et prometteuses.

Chacune de ces histoires est illustrée par un schéma, un génogramme, sur lequel figurent les divers membres de la famille et leurs liens de parenté. La légende de ces génogrammes fournit la liste des signes conventionnels retenus.

1

Cordélia ou l'amour prohibé

Dans le bureau de l'analyste transgénérationnelle, le silence gagne. Cordélia s'applique à prendre le moins de place possible. Elle a refusé de s'asseoir sur le canapé, a opté pour le fauteuil près de la porte. Elle justifie son choix : son dos est capricieux. Elle croise et décroise ses jambes comme si elle allait se lever d'un instant à l'autre. Elle a les traits creusés, les yeux cernés. Son regard balaye la pièce, à la recherche d'un point rassurant. Elle glisse ses deux mains sous ses cuisses, comme pour mieux prendre appui et se donner confiance. Elle attend un signe de la thérapeute pour parler.

La thérapeute sourit à Cordélia.

Cordélia cherche ses mots. Elle hésite, trébuche, se reprend, puis d'un seul coup bascule dans un flot de paroles ininterrompu, bien trop nourri pour une silhouette si discrète. Elle semble habitée, démultipliée par ses propos. Michel a beau tenter de la convaincre, elle reste préoccupée par de nombreux doutes. Comment peut-il se montrer si certain de leur union alors que, tout autour d'eux, les couples se font et se défont dans une indifférence totale, sans que personne ne puisse anticiper la rupture ? Les conjoints sont souvent les premiers surpris. Et ces derniers mois sont loin de démentir ses inquiétudes.

Michel se lève de plus en plus tôt, son travail a pris un essor inattendu, comme si tout le monde avait décidé de se faire « refaire le sourire ». Michel est prothésiste dentaire. Son activité a démarré timidement. Ça tombait bien, car à l'époque, il était fou d'elle et lui consacrait tout son temps. Pourtant, dès les premiers mois de grossesse, elle a senti qu'il ne la regardait plus de la même manière, comme s'il se désintéressait d'elle. Elle n'a pas voulu y croire mais aujourd'hui, elle ne peut plus fermer les yeux. Elle craint qu'il ne se détourne définitivement et, maintenant qu'elle en parle, ce qui l'effraie bien plus encore, c'est que ce soit sa fille, Cécile, qui lui tourne la tête. Leur façon de se regarder la trouble, un je-ne-sais-quoi d'insolence et de séduction mêlées. Elle a du mal à dire mais elle est persuadée que quelque chose se noue en dehors d'elle.

Son regard reste fixé sur ses ballerines. Elle imagine l'inavouable. Elle comprend qu'elle ne peut plus revenir en arrière. Les choses ont été dites. Avant ces mots, elle n'a jamais été en proie à de telles pensées. Elle se sent sale, impuissante à justifier davantage ses accusations. Elle est comme sidérée, écrasée par la honte qu'elle découvre.

La thérapeute pose des questions pour mieux cerner les soupçons, les peurs que Cordélia ne peut plus endiguer, et qui l'ont progressivement coupée de tout et de tous.

La honte, au contraire de la culpabilité, est un sentiment qui se partage difficilement. On la nie, on la cache, on la dissimule. À l'inverse, la culpabilité est volontiers mise en avant pour échapper à l'isolement. Souvent, dans la pratique thérapeutique, la culpabilité mène à la honte. En effet, la culpabilité, exprimée à un tiers bienveillant, peut permettre l'émergence d'une honte enfin avouable.

Jusqu'à ce premier entretien, Cordélia ignorait tout de sa honte. Si elle est soulagée de ne pas avoir été jugée, elle reste bouleversée par ce qui vient de sortir d'elle. Elle est venue consulter pour son couple et ce qu'a révélé la séance la pousse plus fortement encore dans un travail pour comprendre. Comme si une souffrance bien antérieure venait de se faire jour.

Ce sont les recommandations d'une amie proche qui ont décidé Cordélia à prendre rendez-vous avec cette thérapeute. Rassurée par ce premier contact, elle redoute pourtant les prochaines séances où il lui faudra se raconter et raconter sa famille. La thérapeute lui a en effet expliqué qu'elles aborderaient ensemble son histoire familiale, sur plusieurs générations, pour mieux éclairer sa problématique personnelle. Cordélia se plaint de ne pas connaître grand-chose de sa famille, mais la thérapeute la rassure, ce qui importe n'est pas la quantité d'informations donnée. Les vides, les oublis, véritables trous dans la mémoire personnelle ou familiale, parlent tout autant que les souvenirs.

La thérapie dans laquelle s'engage Cordélia est une thérapie transgénérationnelle, où se remémorer et raconter son histoire familiale revient à évoquer sa propre histoire. S'il est vrai que notre passé reste toujours présent en chacun de nous, nous avons néanmoins la possibilité de le revisiter et de se le réapproprier autrement. Dans ce type de thérapie, il est demandé au patient de représenter schématiquement sa famille, de faire figurer ceux qui ont compté, ceux qui ont joué un rôle important, bon ou mauvais, ceux qui sont morts. Il a le droit d'annoter toutes les données qui lui semblent pertinentes, liens privilégiés ou redoutés, sépara-tions, accidents, deuils. Cet exercice, difficile pour beau-coup, s'apparente aux tests projectifs. Le discours du patient et les commentaires du thérapeute autour de ce schéma font surgir des pistes de travail insoupçonnées, et souvent signi-ficatives, parfois même des données que le patient a tou-jours voulu ignorer. Certains en sont surpris, d'autres gênés, quelquefois effrayés.

Lorsque Cordélia dessine sa famille, elle veut être la plus précise possible. Elle s'applique à n'oublier personne, mais constate qu'elle ne peut pas produire grand-chose du côté paternel. Le peu d'informations qu'elle détient lui donne envie de comprendre. Elle raconte que son père est sourd, comme elle, mais que, heureusement pour sa fille Cécile, leur surdité n'a rien d'héréditaire. C'est une coïncidence, même si elle vit ce handicap comme un lien important à son père. Ses parents se sont séparés quand elle était enfant mais elle affirme qu'elle n'en a jamais souffert. Ils sont restés voisins et bons amis, et elle a pu aller de l'un à l'autre en toute liberté. Sa mère a depuis quelque temps un nouveau compagnon. Quant à son père, elle lui connaît depuis tou-jours un ami proche sans qu'elle sache bien la nature de leur lien. Des parents de son père, mystère, elle ne sait rien. Quant aux parents de sa mère, elle ne les a jamais connus ; ils étaient morts à sa naissance. Si elle a dessiné l'oncle Maxime, le frère de son grand-père maternel Léopold, c'est parce qu'il raconte toujours plein d'histoires. C'est d'ailleurs lui qui lui a confié que ce grand-père était un fieffé coureur. Il lui a glissé à l'oreille que lorsque son frère et lui allaient danser au Balajo, son frère n'avait pas son pareil pour emballer les jeunes belles. Cordélia a du mal à comprendre pourquoi son grand-père s'est marié si jeune. Maxime, lui, a toujours préféré les femmes d'expérience. Cordélia remarque qu'elle est toujours mal à l'aise lorsque l'oncle Maxime évoque des souvenirs de famille, comme si son discours la maintenait dans une écoute paradoxale, obligée d'écouter et obligée de ne pas entendre.

Le double message contenu dans les paroles et dans les attitudes de l'oncle, ses sous-entendus, ses gestes, ses mimiques, ne sont pas sans rappeler la notion de double lien. Ce

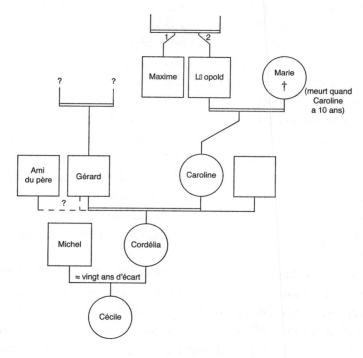

Génogramme de Cordélia

mode de communication dysfonctionnel, fréquent à l'intérieur des familles, se caractérise par l'émission de deux messages contradictoires, plaçant la personne dans l'incapacité d'y répondre et dans le doute quant à ses propres perceptions. De plus, les deux messages ne sont pas toujours sur le même plan – l'un peut être verbal, l'autre non verbal –, ce qui accroît encore davantage le malaise. Ainsi, un père félicitera son enfant tout en ayant un ton ou une mimique particulièrement critique.

La thérapeute demande à Cordélia si elle a bientôt l'occasion de rencontrer son oncle. Il paraît être la personne bavarde de la famille, et si Cordélia fait fi de ses réticences, il lui sera peut-être possible d'en apprendre plus sur la branche maternelle. Les histoires véhiculées par la famille, même les plus anodines, constituent des matériaux précieux. Cordélia accepte cette idée.

Au cours d'un travail transgénérationnel, le thérapeute délègue souvent le patient à la recherche de témoignages familiaux. Recueillir des informations sur les divers membres de la famille, sur la nature de leurs liens, sur leurs alliances ou leurs mésalliances, livre de nouveaux angles de travail qui renseignent sur la façon dont le patient établit lui-même ses propres liens. Cela lui permet également de mettre à distance sa problématique, de prendre du recul – un recul nécessaire pour repérer, sur plusieurs générations, les modèles familiaux qui ont été transmis au patient. Ainsi, dans une famille où les hommes ont manqué, du fait de guerres, d'accidents ou de démissions, les structures de couples seront telles que les figures masculines – pères, maris, compagnons – risquent d'être effacées. Ces femmes-là sauront se passer des hommes, voire le revendiqueront.

La thérapeute engage Cordélia à se montrer attentive à ce que l'oncle Maxime révélera des relations entre les hommes et les femmes de cette famille, puisque c'est au sujet de son couple qu'elle est venue consulter. Qu'elle n'hésite pas non plus à le pousser dans ses retranchements s'il se montrait avare d'explications. Il ne serait pas surprenant qu'il préfère laisser entendre plutôt que de dire ouvertement.

Lorsque l'on aborde le couple dans une approche transgénérationnelle, il est intéressant de constater que les familles se racontent très différemment. Il en est où les circonstances de la rencontre font l'objet de véritables légendes qui se colportent de génération en génération tandis que d'autres ne donnent aucun détail. Il est des familles où les couples affichent un contrat clair avec des règles codifiées, d'autres brouillent les pistes. Certains couples se construisent autour de tâches et de règles strictement réparties, pour d'autres l'improvisation est de mise. On parle de « contrat conscient » pour les règles explicites et décidées en commun, de « contrat préconscient » pour les règles implicites, non verbalisées entre les deux partenaires, et enfin de « contrat inconscient » pour les règles de transaction méconnues par les partenaires mais repérables en thérapie.

La thérapeute et Cordélia s'entendent sur un rythme de travail souple, les séances devant en effet tenir compte des rencontres avec la famille et des informations obtenues.

L'oncle Maxime n'est jamais loin. Malgré une réticence certaine de la mère de Cordélia à le recevoir, il a toujours occupé une place importante dans leur vie familiale. Il habite et travaille dans le même quartier que les parents de Cordélia. Petite, elle aimait tromper la vigilance de sa mère et se précipiter à la sortie de l'école dans l'arrière-boutique de son oncle où elle savait trouver sa réserve de bonbons. Il semble bien à Cordélia que ces moments volés comptaient autant pour lui que pour elle. Pourtant, il laissait souvent entendre qu'il n'aimait pas les enfants, trop bruyants, trop remuants. Il ne s'est jamais marié. Aujourd'hui encore, elle s'interroge. Pourquoi revendiquer un tel désintérêt pour les enfants, lui qui était si heureux quand elle venait le voir ? Elle ne comprend pas non plus pourquoi sa mère avait l'air si fâché chaque fois qu'elle la savait chez lui, elle qui pourtant ne lui avait jamais formellement interdit d'y aller. Et d'ailleurs, pourquoi sa mère rougissait-elle toutes les fois où le prénom de l'oncle Maxime était prononcé ?

La thérapeute évoque un contentieux probable entre l'oncle Maxime et sa mère, qui verrouillerait la relation et la laisserait sans issue. Tout se passe comme si chacun dépendait de l'autre. Sans en avoir encore une plus grande compréhension, Cordélia sent que cette perception est la bonne.

L'oncle Maxime ne s'est pas fait beaucoup prier. Sa belle-sœur Marie, la grand-mère de Cordélia, est née malheureuse, a vécu malheureuse et est morte malheureuse. Son mari, Léopold, l'avait rencontrée à un bal comme toutes les autres, séduite comme toutes les autres, mais cette fois-ci la famille de Marie n'avait pas lâché prise : elle était enceinte, il fallait réparer. Marie avait dû se sentir très seule. Sa belle-famille la regardait comme une étrangère, une fille pas sérieuse. Quant aux amis de son mari, ils la voyaient comme un trouble-fête. Marie était une jeune femme frêle, de petite taille, mais malgré cette apparence fragile, elle avait beaucoup de caractère. Elle l'avait prouvé lorsqu'elle était tombée malade. Sa fille Caroline avait alors six ou sept ans.

Personne ne s'était inquiété d'elle. Son mari n'avait rien changé à ses habitudes, les parties de cartes avec ses camarades, les dîners arrosés, le bal du samedi soir. C'était loin d'être un mauvais bougre, mais il fallait se mettre à sa place, la maison était triste. Caroline, la petite, grandissait sans faire de bruit. Elle était sage, pourtant elle avait été envoyée en pension. C'est Marie qui avait exigé son départ, il fallait que la petite ait une éducation. À la mort de sa mère, Caroline avait quatorze ans. Son père l'avait réclamée, elle était donc rentrée. À son retour, Caroline avait eu bien du travail pour remettre bon ordre dans cette maison qui était devenue un lieu de passage et de fêtes.

En découvrant cette histoire, Cordélia s'est sentie très émue. Elle a voulu en savoir plus sur la maladie de sa grand-mère et l'oncle Maxime lui a volontiers parlé du cancer de Marie. Quand elle l'a interrogé sur son grand-père, sur les circonstances de son décès, il est devenu soudain très silencieux. Ce n'est finalement qu'à contre-cœur que l'oncle Maxime a accepté d'évoquer la mort de son frère Léopold. Celui-ci a mis fin à ses jours, il s'est pendu. Personne n'a compris son geste. À l'époque, Caroline devait quitter la maison pour épouser Gérard.

En écoutant ces tristes révélations, Cordélia prend conscience de l'enfance malheureuse de sa mère et de l'ignorance dans laquelle elle a été tenue. Elle éprouve une immense compassion et, en même temps, elle ne peut réfréner sa colère. Cordélia fait part de son désarroi à la thérapeute. Elle a été choquée, stupéfaite, lorsque l'oncle Maxime a parlé et elle a bien senti qu'il ne voulait pas en dire plus. Depuis les questions se bousculent : pourquoi sa mère ne lui a-t-elle jamais parlé de sa grand-mère, de sa maladie, de sa vie malheureuse ? Comment a-t-elle pu lui cacher si longtemps le suicide de son grand-père ? Et son chagrin à elle ? Pourquoi ce grand-père a-t-il décidé de mettre fin à ses jours alors que sa fille était sur le point de se marier ? Est-ce qu'il était malade ? En proie à des idées noires ? Est-ce qu'il avait des dettes ? Des ennemis ?

Les porteurs de secret n'ont pas idée du mal qu'ils font. Ils cherchent le plus souvent à protéger l'autre, à l'épargner. Ainsi, par exemple, un parent choisira de taire sa maladie pour ne pas effrayer son enfant. Mais le silence est la plupart du temps bien plus violent que le contenu du secret lui-même. En effet, celui à qui on a caché se pose d'insolubles questions, imagine le pire. Il se sent rejeté, exclu car indigne de connaître la vérité. Il se sent également coupable et responsable de la souffrance du porteur de secret.

Cordélia a perçu la douleur de son oncle, le fardeau porté depuis tant d'années. Elle comprend mieux ses phrases incomplètes, contradictoires. Elle imagine quelle a été sa détresse face au geste incompréhensible de son frère. C'est peut-être parce qu'il a été témoin de l'union malheureuse de son frère Léopold que l'oncle Maxime ne s'est jamais marié. Cordélia est envahie par les doutes et par des sensations étranges. Elle est en grande confusion. Elle plaint sa mère et lui en veut tout à la fois. Elle lui en veut pour son silence, mais elle lui en veut bien plus encore d'avoir cherché à l'éloigner de son oncle Maxime, qu'elle aurait bien aimé comme un grand-père. Peut-être que la présence de cet oncle rappelait à sa mère l'acte désespéré de son père ?

La thérapeute entend la colère de sa patiente, mais elle l'engage peu à peu à reconsidérer la valeur du silence de sa mère. Depuis que son oncle lui a parlé avec sincérité, Cordélia n'a-t-elle pas modifié la perception qu'elle avait de lui, compris différemment ses gestes et paroles ? La thérapeute lui explique que si rien ne peut changer le passé, un regard nouveau lui permettra néanmoins de le comprendre autrement et de se l'approprier différemment. Elle enjoint Cordélia de ne pas d'emblée condamner sa mère. Celle-ci a peut-être de bonnes raisons de ne pas avoir voulu dire. Plusieurs séances seront nécessaires pour apaiser Cordélia, au cours desquelles elle inscrira, à la demande de la thérapeute, les dates de décès de ses grands-parents maternels. Elle y fera aussi figurer toutes les dates qu'elle connaît, naissances et mariages des différents membres de la famille, accidents, séparations, divorces.

Au cours d'un travail transgénérationnel, il est souvent utile de repérer et de noter les dates des événements importants, voire traumatiques, vécus par la famille. Cette démarche permet de mieux visualiser à quels âges le patient et les divers membres de sa famille les ont traversés. Elle permet également de relever les coïncidences, lorsqu'il y en a, et de déjouer ainsi les croyances qui en découlent parfois.

En relisant les dates qu'elle vient d'écrire, Cordélia constate, étonnée, que sa mère s'est mariée très jeune et qu'elle-même est née peu de temps après le mariage de ses parents. Peut-être était-elle prématurée, à moins tout simplement que sa mère ne se soit mariée enceinte et qu'elle ne lui en ait jamais parlé ?

Pour beaucoup, l'approche psychogénéalogique consiste en un relevé de dates extrêmement précis, comme s'il existait une horloge invisible qui réglait nos destinées arbitrairement. Même si ces dates représentent une part du travail, car elles facilitent l'évocation des événements clés de l'histoire familiale, elles ne doivent en aucun cas enfermer le patient dans une analyse réductrice. Elles ne sont que des indices capables de susciter des questionnements, des hypothèses et des pistes de travail.

À la séance suivante, Cordélia confie à sa thérapeute que cette histoire de mariage et de naissance l'intrigue. Pourquoi ses parents ne l'ont-ils jamais mentionnée ? Sa mère a-t-elle eu un problème de santé pendant sa grossesse ? A-t-elle eu peur de l'inquiéter, lorsqu'elle serait enceinte à son tour ? Est-ce que sa surdité aurait un rapport avec cette naissance avant terme ? À moins tout simplement que sa première hypothèse ne soit la bonne : sa mère était enceinte avant le mariage. Toutes ces questions font prendre conscience à Cordélia qu'elle ne connaît que peu de choses de l'histoire du couple de ses parents. Elle cherche à se souvenir de tout ce qui a pu lui être raconté, sur leur jeunesse, leur rencontre, les raisons de leur attirance. Sa mère s'est toujours vantée d'avoir séduit son père en un clin d'œil. Ce que lui n'a jamais démenti. Elle était si jeune et si belle. À peine dix-sept ans. Cordélia a d'ailleurs apporté quelques photos, dont une de sa mère qu'elle aime particulièrement. Elle y est resplendissante et l'on imagine facilement l'éblouissement de son père.

La thérapeute amorce alors une réflexion sur les couples de la famille : celui de ses grands-parents maternels Léopold et Marie, celui de ses parents Gérard et Caroline, et le sien propre, celui qu'elle forme avec Michel. Comment peut-on les comprendre, quelles clauses conscientes ou inconscientes peut-on imaginer pour ces trois couples ? Cordélia évoque ses débuts avec Michel, sans se faire prier. Ils se sont rencontrés à un cours de tango, ils se sont plu, ils se sont revus. Michel s'est tout de suite déclaré prêt à un engagement solide avec elle. Cordélia, elle, a hésité. Ils ont quand même presque vingt ans de différence. Mais la gentillesse et la prévenance de Michel ont eu raison de ses réticences. En parlant, elle réalise que son grand-père Léopold était lui aussi beaucoup plus âgé que sa femme.

L'oncle Maxime a toujours insisté sur le fait qu'il séduisait avec un réel succès les plus jeunes. D'ailleurs, si Marie n'était pas tombée enceinte, Léopold serait très vite passé à la suivante. Au fil de ses associations, Cordélia apprivoise l'idée que Caroline, sa mère, a effectivement très bien pu se marier enceinte, comme Marie sa grand-mère. Elle-même aussi, d'ailleurs, a fait très vite. Michel voulait un enfant et détestait l'idée d'être un vieux père ; aussi Cécile a-t-elle été conçue à la minute où ils l'ont désirée. Cordélia ne s'est pas mariée enceinte, mais c'est tout comme. La question du mariage s'est posée un peu plus tard, lorsqu'elle attendait Cécile. Michel aurait bien voulu l'épouser mais elle s'y est opposée. Cécile porte le nom de son père, c'est amplement suffisant. Cordélia pense que l'exemple de ses parents a probablement nourri ses convictions contre le mariage. Pourtant, en y réfléchissant, leur séparation, à l'inverse de beaucoup d'autres, s'est faite le plus naturellement du monde, comme une évidence. Pas de larmes, ni de cris, et une entente parfaite dans tout ce qui a concerné son éducation. Tant pour l'école que pour les loisirs, et même pour les Noëls, qu'ils ont toujours passés ensemble. Mais maintenant qu'elle y pense, cette séparation lui paraît incompréhensible. Elle l'aurait très bien comprise pour ses grands-parents, et d'une certaine façon la mort de Marie les a séparés de fait, mais pour ses parents, décidément, elle ne la comprend pas.

La thérapeute l'encourage à aller voir sa mère. Aujourd'hui, Cordélia est maman d'une petite fille, il est donc légitime qu'elle obtienne les réponses aux questions qu'elle se pose quant aux circonstances de sa naissance et aux raisons de la séparation de ses parents. Elle pourrait également parler avec son père, qui a certainement lui aussi des choses à dire.

Cordélia a bien senti le malaise de sa mère lorsqu'elle lui a parlé au téléphone. Il est vrai qu'elle ne l'a pas vue depuis plusieurs semaines, depuis qu'elle a découvert que sa mère lui cachait des choses. Elles ont pourtant convenu de se voir dès le lendemain. Les premiers instants sont marqués par la gêne, comme si elles étaient devenues étrangères l'une à l'autre. Chacune s'essaie à trouver un terrain d'entente. Cordélia vante les derniers succès scolaires de Cécile pour la plus grande fierté de sa grand-mère, qui reconnaît bien là l'intelligence de sa propre fille. En effet, toute petite, celle-ci se faisait remarquer par une élocution exceptionnelle. Elle parlait comme un livre, à tel point que personne n'avait jamais détecté sa surdité. C'est à ce moment-là que Cordélia est intervenue : pourquoi est-elle née si rapidement après leur mariage ? Elle veut savoir. Interloquée, sa mère a mis quelque temps à lui répondre. Oui, elle était enceinte de presque six mois lorsqu'elle s'est mariée, et alors ! Elle ne lui a rien dit, c'est vrai, mais après tout c'est son histoire. Cordélia, exaspérée, a refusé de s'en tenir là. Et leur séparation ? Elle a le droit d'avoir des explications. Sa mère a eu l'air soulagé par la tournure que prenait la conversation. Elle s'est mise à accuser violemment le père. C'est lui le responsable. Comment vivre avec un homme qui ne jure que par son meilleur ami, qui ne décide jamais rien sans son accord, que ce soit pour le choix d'une cravate ou l'achat d'un poulet rôti ? Elle est même surprise que sa fille ne se soit jamais posé la moindre question.

Cordélia a été étonnée par la virulence de sa mère. C'est la première fois qu'elle entendait de sa part des propos accusateurs sur son père. Elle ne sait plus très bien où elle en est. Elle regrette les paroles qui ont été échangées entre elle et sa mère et, en même temps, elle se sent prête à tout pour connaître le mot de la fin. Elle sait qu'elle ne peut plus reculer, elle ira voir son père.

La thérapeute évoque avec elle la nécessité de préparer cette rencontre, d'envisager tous les possibles, la réaction de son père, sa version de la séparation et la relation avec cet ami de toujours. Elle l'engage à découvrir, peut-être, une nouvelle facette de son père.

Cordélia et son père ont leurs habitudes. Elle le retrouve souvent à la sortie de l'école technique où il enseigne, et ils se rendent toujours dans le même café du quartier. Ce jour-là, Cordélia décide de se jeter à l'eau. D'emblée elle lui reproche le mystère autour de sa date de naissance. Son père confirme que sa femme était bien enceinte lorsqu'il l'a connue, qu'il le savait mais qu'elle ne lui a jamais dit de qui était l'enfant. Il l'a épousée sans poser de questions : pour lui, cela ne changeait rien car avoir un enfant avait toujours été son désir le plus cher. Cordélia représente tout pour lui :

il est son père, elle est sa fille. Il avoue : s'il a accepté ce marché, c'est parce qu'il est homosexuel. Son ami est son compagnon de toujours et il ne lui aurait jamais donné d'enfant. Il lui demande pardon. Cordélia est suffoquée par les révélations de son père, mais sa sincérité et son amour pour elle ne lui laissent aucun doute.

Avec la thérapeute, Cordélia décrypte le contrat tacite sur lequel s'est bâti le couple de ses parents. Au niveau conscient, ceux-ci ont décidé de partager le rôle parental pour l'éduquer, assurer son bien-être, financer ses études d'assistante sociale et l'aider à acquérir un logement. Ils endossent également un rôle de grands-parents avec beaucoup de bonheur et de générosité. En ce qui concerne la part conjugale de leur couple, ils semblent avoir volontairement choisi de faire route à part. Au niveau préconscient, le contrat de ce couple semble être le silence sur l'homosexualité de l'un contre le silence sur le nom du père de l'enfant. Il s'agit en quelque sorte d'un couple factice, qui donne le change. Cordélia ne connaît d'ailleurs aucune anecdote sur leurs premières années de vie commune, sur leurs projets. Cette alliance s'est construite sur un accord, un contrat où les deux parties se sont entendues sur des passifs complémentaires, même si aucun des deux ne s'en est jamais clairement expliqué à l'autre. Les tenants de l'accord sont donc restés implicites. Si Cordélia entend l'existence d'un tel contrat entre ses parents, elle ne peut accepter de ne pas connaître l'identité de son père biologique.

Après ce qui a été dit sur le couple de ses parents, la thérapeute propose à Cordélia de réfléchir sur son propre couple. Celle-ci comprend maintenant que tous les couples reposent sur des accords complexes. Que pense-t-elle de son couple ? A-t-elle une idée du contrat conscient qui a été passé entre Michel et elle ? Quelles ont été les attentes de l'un et de l'autre, attentes avouables ou moins avouables ? Pour Cordélia, il est évident que la priorité de son compagnon a toujours été d'être père et que seule une femme jeune pouvait lui offrir un enfant. Quant à elle, elle a toujours pensé que les histoires d'amour ne duraient pas. Aussi a-t-elle considéré assez rapidement que l'âge de Michel, au lieu d'être un obstacle, était un gage de sécurité. Un homme mûr a eu bien le temps de s'amuser. Avec elle, c'est certain, il allait construire. Son couple ne pouvait que durer. Pas comme celui de ses parents. C'est bizarre, maintenant qu'elle y réfléchit, elle se dit que Michel, comme son grand-père, n'aime que les très jeunes femmes. D'ailleurs tous ses amis lui disent qu'elle fait beaucoup moins que son âge.

Plusieurs séances de travail amènent Cordélia à prendre conscience de la part active qu'elle joue dans son couple. Elle quitte la position de celle qui subit. Elle se sent libre de décider et d'agir. Elle sort d'un sentiment d'enfermement, d'un piège dont elle se plaignait amèrement lors des premiers entretiens. Ses angoisses ont fortement diminué. Cependant, elle a le sentiment que quelque chose encore doit être mis en lumière. Hormis son désir légitime de connaître l'identité de son père biologique, elle se demande si cette information ne serait pas aussi la pièce manquante qui permettrait de mieux appréhender le couple de ses parents et, en miroir, le sien propre. Elle devine sa mère fragile, incapable de lui révéler la vérité. Elle n'ose même pas la lui demander. Son père dit ne rien savoir. Elle ira voir l'oncle Maxime.

Connaître ses origines est légitime, les lois évoluent en ce sens. Ce peut être fondamental pour certains qui se débattent, leur vie durant, dans des questionnements incessants et douloureux, avec parfois une symptomatologie handicapante. Néanmoins, découvrir ses origines peut s'avérer une expérience fragilisante, choquante, voire violente. Tant que le sujet se demande d'où il vient, il imagine, rêve, invente et fantasme une ascendance qu'il espère prestigieuse. Il en est ainsi des enfants adoptés qui n'ont pas eu accès à leurs origines biologiques.

Pour Cordélia, savoir d'où elle vient pour mieux naviguer dans sa vie semble s'imposer comme une nécessité. Elle a décidé de questionner son oncle. Elle sent qu'il a encore des choses à dire. Aujourd'hui, elle est prête à entendre.

La thérapeute prend note de la détermination de Cordélia. Elle l'alerte sur le fait que l'échange à venir pourra se révéler douloureux.

Face aux questions pressantes de sa nièce, l'oncle Maxime s'écroule. Il éclate en sanglots. Léopold, à la mort de sa femme, a retiré Caroline de l'internat pour la faire revenir près de lui. Il était incapable de tenir une maison. Et depuis la maladie de Marie, il ne prenait plus soin de lui, il était dépenaillé et bien souvent sale. À quatorze ans, Caroline était solide et vaillante, et elle s'est révélée une maîtresse de maison remarquable. Grâce à elle, Léopold est devenu un homme respectable. Il était soigné, il ne jouait plus, ne buvait plus et n'allait plus courir les bals. Mais juste avant les dix-sept ans de Caroline, le scandale a éclaté. Elle ne pouvait plus cacher son ventre, elle était enceinte. Maxime se souvient du soir où Léopold lui a avoué sa faute : le père de Cordélia, c'était lui. Le lendemain, il s'est pendu. L'oncle Maxime confie que cette période a été la plus horrible de son existence. Il n'avait pas vu ni même compris ce qui s'était tramé entre Léopold et Caroline, entre le père et la fille. Il s'est senti écrasé par la révélation du secret. D'emblée, il a condamné son frère et il n'a eu de soucis que pour le sort de Caroline et de l'enfant. Il voulait protéger Caroline de la honte, et leur éviter la honte à tous. Il n'a pas imaginé un seul instant que son frère puisse mettre fin à ses jours.

Cordélia est atterrée. Elle est prise de spasmes violents, elle veut vomir. Cette histoire d'inceste lui donne envie de ne plus exister. À sa demande, la thérapeute la reçoit en urgence. Les séances qui suivent sont douloureuses. Cordélia décide de respecter le silence de sa mère. Elle est issue d'un abus sexuel intrafamilial. Il lui faut accepter l'inacceptable.

Au cours de sa thérapie, Cordélia a pu démonter ses peurs, peur que Michel n'approche de trop près sa fille, peur que Michel et Cécile ne se séduisent l'un l'autre, peur que Michel ne la quitte. Ses craintes étaient comme la mise en scène inconsciente du drame qui s'est joué dans cette famille. Ce qui a été tu aux générations précédentes s'est sournoisement glissé en elle, au point de menacer son couple. Michel est un compagnon bienveillant et il est également bon père.

Au cours de cette démarche transgénérationnelle, Cordélia a fait face à des révélations de plus en plus violentes. À son insu, elle était déjà porteuse de la souffrance familiale, qui ne pouvait la laisser indemne et dont les premiers symptômes l'ont amenée à consulter. La révélation de l'identité de son père biologique, son grand-père maternel, la marquera à tout jamais. Elle est pour sa fille Cécile une mère problématique, silencieuse, prisonnière du silence de sa propre mère. De fait, la fille de Cordélia se trouve inscrite dans une lignée de femmes dans laquelle un trauma majeur s'est joué. Il n'est pas exclu que Cécile développe, au cours de son existence, une symptomatologie en rapport avec cette lourde histoire. L'avenir de Cécile est en grande partie lié aux dits et non-dits de sa grand-mère et de sa mère.

Une représentation graphique de la famille : le génosociogramme

Pour initier un travail transgénérationnel, le thérapeute utilise une représentation graphique de la famille appelée « génosociogramme » ou « génogramme ». Il demande au patient d'inscrire les divers membres de sa famille d'origine sur un support papier. Classiquement, cela s'apparente à un arbre généalogique, avec les prénoms, les noms et les dates. Mais il n'y a pas une seule façon de faire. La consigne peut être libre – « dessinez ou schématisez votre famille » – ou très précise – « faites figurer chacun des membres de votre famille et indiquez les liens de parenté, les alliances, les mésalliances, les ruptures, les événements importants ». Dans certains cas, le patient complète ou produit un nouveau schéma parce qu'il a, par exemple, recueilli des témoignages ou des renseignements supplémentaires. Il peut également éprouver le besoin de réorganiser les liens et places de chacun, parce qu'en revisitant son histoire il la comprend différemment et se la réapproprie autrement. Il est possible d'adjoindre à ce tableau des personnes qui jouent ou qui ont joué un rôle important, comme s'ils faisaient partie de la famille. Certains y inscrivent même leurs animaux familiers.

Lorsque la famille est très abîmée, quasi disparue ou inexistante, du fait de l'ignorance, d'un déracinement géographique ou de décès nombreux, le patient peut produire, à la demande du thérapeute, un schéma de la famille qu'il s'est créée à partir de ses amis et de ses relations. Il listera les personnes importantes de sa vie et les organisera dans l'espace, comme si elles formaient une famille. Ainsi une amie fera office de mère, un patron de père, une vieille voisine de grand-mère... Il s'agit alors d'un génogramme imaginaire.

Les productions obtenues au cours des thérapies sont diverses et toutes riches à décrypter. Il n'en existe ni de bonnes ni de mauvaises, et l'interprétation se fait toujours avec le patient et peut être reprise tout au long du travail. Cet exercice est difficile, car le patient craint souvent de mal faire, de ne pas avoir assez de place, de ne pas savoir comment s'y prendre. Il est parfois pris de vertige devant la page blanche et des consignes précises sont alors nécessaires pour le soutenir dans ce travail. Pour certains, cette démarche est insupportable voire impossible. La famille a pu être le lieu de violences ou d'événements tragiques, et la schématiser est comme s'y exposer à nouveau.

Couramment, le patient produit un schéma avec des prénoms, des noms et des liens. Il peut y avoir une confusion dans les générations, des oublis ou même des erreurs. Certains ne font figurer que des initiales isolées, d'autres se contenteront d'appellations anonymes telles que « père »,

« mère », « enfant ». Plus rarement, certains produisent de véritables dessins, avec des visages, des bonshommes, des croix, des lieux. Parfois, les membres de la famille ne sont aucunement reliés les uns aux autres, comme posés dans le vide.

Une fois le génogramme achevé, le patient est toujours très étonné de ce qu'il a produit. Certains se reprochent d'avoir été brouillons, imprécis ; d'autres découvrent qu'ils ne figurent même pas sur le schéma ; d'autres encore se défendent de cette représentation qu'ils jugent approximative et tentent de se justifier par un discours rationalisant.

Une communication équivoque :
le double lien

Chaque famille possède un mode de communication qui lui est propre. Il en est qui privilégient le rationnel ou l'émotionnel, d'autres qui cultivent le manque ou le trop de paroles, jusqu'à s'enfermer dans le non-dit ou au contraire dans un bruit incessant. Dans certaines familles il est interdit de dire, de questionner, dans d'autres il est permis de dire mais rien n'est entendu. Dans d'autres encore, des modes de communication fortement dysfonctionnants, pervertis, ont la préférence. Parmi eux, le double lien.

Le double lien consiste en deux messages incompatibles envoyés simultanément. Une personne peut ainsi émettre deux affirmations qui se contredisent. Elle peut aussi dire une chose et agir autre chose. Elle peut encore traduire une forte émotion qui viendra annuler ce qu'elle vient de dire ou

de faire. Celui qui fait face à ce double message est déstabilisé, perplexe. Que doit-il comprendre ? L'unique stratégie
pour s'en sortir sera de relever la contradiction et de poser
clairement la question pour dissocier ces deux messages :
« Dois-je comprendre ceci ou dois-je comprendre cela ? »

Dans certaines familles, ce mode de communication dysfonctionnant est privilégié, le plus souvent dans la relation
parent-enfant, et a des effets dévastateurs sur ce dernier. En
effet, généralement, l'enfant pose son parent comme celui
qui sait et il ne le remet jamais en cause. Un père, par
exemple, assurera à son fils : « Je peux tout entendre » et
ajoutera aussitôt : « Ton langage est trop cru. » L'enfant est
dans l'embarras, il comprend qu'il peut tout dire à son père
et il sait qu'il ne peut rien lui dire. Autre exemple, une mère
dira à son enfant : « Viens m'embrasser » et ses gestes expri-
meront un dégoût évident toutes les fois où il s'approchera
d'elle. L'enfant ne peut comprendre. Il perçoit le rejet phy-
sique de sa mère, mais il ne peut non plus ignorer ses
paroles. Il ne sait s'il doit s'approcher ou s'éloigner d'elle. Il
est plongé dans la confusion et il n'a pas d'autre choix que
de s'en arranger, de faire coexister ces deux messages
contradictoires.

Dans certains cas, le double lien est créé par deux sources
différentes, le père et la mère, ou les parents et les grands-
parents, ou encore les grands-parents paternels et les grands-
parents maternels. Le père dira par exemple : « Il faut faire
de longues études », tandis que la mère affirmera : « Il faut
se dépêcher d'entrer dans la vie active. »

Dans d'autres cas encore, une même injonction contient
un véritable paradoxe, comme : « Si tu m'aimes, ne m'aime
pas. »

Pour certains, le double lien a rendu fou, pour d'autres, au contraire, il a obligé à faire preuve de créativité, à développer une véritable compétence, la capacité à inventer des solutions et des stratégies pour s'en sortir.

En consultation, le thérapeute remarque que ces enfants, devenus grands, revivent souvent ce type de communication avec leurs propres enfants, ou même dans leur couple, ou encore dans leur milieu professionnel, soit qu'ils l'induisent, soit qu'ils la subissent à nouveau. Lorsque le patient a perdu toute confiance, il doute en permanence de ses perceptions et de sa capacité à y voir clair. Il donne tout pouvoir à l'autre, aux autres. Il se met en position basse, comme l'enfant qu'il a été, il place l'autre en position haute, comme le parent qu'il a eu. La priorité du thérapeute sera alors de restaurer et de réhabiliter la compétence du patient. Celui-ci doit cesser d'être l'otage de l'autre, il doit se faire confiance, faire confiance à ses perceptions.

Les témoignages de la famille

Au cours d'une psychothérapie transgénérationnelle, le thérapeute relève parfois de véritables vides dans le discours du patient, quelquefois même des incohérences. Ils évoquent alors, ensemble, des hypothèses pour comprendre, relier les faits. Et le thérapeute peut juger nécessaire de déléguer son patient pour interroger certains membres de la famille. Ceux-ci ne sont pas choisis au hasard, de même que ce qui doit être abordé avec eux est au préalable soigneusement envisagé.

Il arrive que le patient se montre réticent. Il a peur de la confrontation. Dans certains cas, il va même jusqu'à refuser cette démarche. D'autres fois, il est impatient, il bouscule sa famille, confond entretien et interrogatoire.

Le plus souvent, le patient est surpris de la facilité avec laquelle il obtient les renseignements qui lui faisaient défaut. Comme s'il avait été attendu. Il découvre alors une nouvelle façon de se positionner dans sa famille. Il n'est plus l'enfant qui n'osait jamais poser de questions, il devient l'adulte, en droit d'obtenir des réponses. De plus, ces rencontres, inenvisageables jusqu'alors et privilégiées par le thérapeute, deviennent parfois le moyen de réajuster un lien, voire de le créer quand il a été perdu depuis fort longtemps.

Ce recours aux témoignages de proches n'est pas systématique car il n'est pas toujours utile. En effet, le discours du patient peut se révéler suffisant pour mener à bien le travail thérapeutique.

Une définition du couple

La notion de couple s'est considérablement modifiée au fil du temps. Avant la Révolution française, le couple orchestre une alliance entre deux familles, deux régions, voire deux pays. Il est décidé par des parents, des familles, soucieux des intérêts économiques et sociaux, et non de l'intérêt des conjoints. Après la Révolution, le couple devient l'objet de remaniements importants. Les conjoints réclament le libre choix de l'autre et se désolidarisent des obligations et des tutelles, quelles qu'elles soient. Beaucoup plus tard, dans les années 1960, la sexualité et le désir de réalisation personnelle sont à l'ordre du jour. Le couple perd alors son objectif de pérennité. Autrefois, on ne pouvait regagner sa liberté qu'après le décès du conjoint. Aujourd'hui, chacun décide du temps qu'il veut passer avec l'autre.

Le thérapeute, lorsqu'il aborde les couples à des générations diverses, parents, grands-parents ou arrière-grands-parents, doit tenir compte de cette évolution à travers les époques.

Le choix de l'autre : homogamie ou hétérogamie

Dans le choix de l'autre, il existe, en apparence, deux modèles préférentiels, l'homogamie et l'hétérogamie. Dans le premier cas, les partenaires semblent s'être choisis sur la règle du « nous sommes semblables, nous sommes ensemble » : il s'agit alors d'un choix narcissique ; l'autre est choisi en référence à soi-même, il rassure par sa ressemblance et peut m'apprendre sur moi-même. Dans le second cas, « nous sommes contraires, nous sommes complémentaires », l'autre est alors choisi pour sa différence, l'altérité est recherchée ; il peut m'apprendre sur lui.

Différencier le conjugal du parental

Autrefois, le couple était envisagé comme le moyen de fonder une famille, l'enjeu conjugal se confondait avec

43

l'enjeu parental. On se mariait pour avoir des enfants. De nos jours, ces enjeux se sont dissociés : on peut revendiquer une descendance et une sexualité. Avec ou non le même partenaire.

Certains couples sont construits exclusivement sur la fonction parentale, ils éduquent leurs enfants ensemble. Pour eux, la fonction conjugale, la sexualité, devient secondaire, voire évacuée, ou est vécue à l'extérieur du couple. Ils ont des amants et des maîtresses.

D'autres couples, quant à eux, se sont construits exclusivement autour de la fonction conjugale. Ils refusent d'assumer la fonction parentale, ils ne veulent pas d'enfant.

Du fait de cette séparation des enjeux, parentaux et conjugaux, un nouveau couple s'est fait jour, l'union homosexuelle, avec aujourd'hui la revendication d'une filiation : « Nous sommes un couple homosexuel, nous voulons des enfants. »

Dans une problématique de couple, le thérapeute doit repérer ces deux fonctions. Comment se sont-elles jouées à travers les générations dans la famille du patient, et dans celle de son ou sa partenaire ? Comment se jouent-elles dans le couple du patient ? En effet, les malentendus, les contentieux, voire les rapports de force au sein du couple se jouent souvent autour d'un mauvais ajustement de ces deux fonctions, parentale et conjugale. Ajustement qui devra donc être revisité aussi souvent que nécessaire, et rester souple tout au long de la vie du couple.

Ainsi, par exemple, Martin qui s'éprend fortement de Véra. Ils connaissent une passion torride et décident rapidement de s'installer ensemble. Quelques mois plus tard, Véra attend un enfant. À sa naissance, elle se détourne définitivement de Martin. Elle consulte car elle ne comprend pas son absence, nouvelle, de désir pour lui. En travaillant sur le couple avec elle, le thérapeute mettra au jour, sur plusieurs générations, une fonction parentale hypertrophiée chez toutes les femmes de cette famille. Il semble que Véra obéisse inconsciemment à une sorte de loi familiale : être mère, c'est cesser d'être femme.

Autre exemple : Paul, qui collectionne les mariages successifs, consulte pour son incapacité à rester avec la même femme. Le thérapeute pointera que toutes les fois où il est parti, il devenait père ou était sur le point de l'être. Or, dans sa famille et sur plusieurs générations, les hommes n'ont jamais fait face à la fonction parentale.

Culpabilité ou responsabilité

Dans un travail thérapeutique, le thérapeute est souvent confronté à la culpabilité du patient. Son travail sera de la circonvenir et de l'expliciter afin de la lever et de dégager ainsi une marge de manœuvre à son patient. Il n'est pas question, bien sûr, de décharger le patient de sa responsabilité. Celui-ci doit comprendre que s'il n'est pas coupable de ce qu'il a subi, il est par contre responsable de ce qu'il en fait et de ce qu'il en fera.

Julie consulte pour son incapacité à manifester son amour à sa fille. Elle a choisi de s'occuper d'elle mais elle ne supporte ni ses démonstrations affectives ni ses pleurnicheries. Elle se sent coupable, elle s'en veut de ne jamais la serrer dans ses bras, d'être agacée par ses élans répétés.

Après avoir fouillé son histoire familiale, Julie met au jour un modèle relationnel récurrent qui la dégage en partie de sa culpabilité. Elle réalise en effet que sur plusieurs générations, les parents ont toujours délégué leurs enfants à d'autres, pour leurs soins et leur éducation. Élever sa fille et réussir était donc une gageure, vu la prégnance du modèle référent. Dans sa difficulté à approcher sa fille se jouent tout à la fois son souci de rester fidèle et son envie de trahir. Elle est fidèle à sa famille en échouant affectivement avec sa fille, mais elle la trahit en voulant prendre soin d'elle. Le thérapeute encourage Julie à sortir de la répétition familiale et à jouer la carte de la responsabilité. Si la patiente a pu éclairer sa culpabilité par la chaîne des répétitions familiales, elle a la responsabilité de s'en dégager.

Le sentiment de honte

Le plus souvent la honte est tue, cachée, ravalée. Le patient a honte d'avoir honte. Il dissimule ce sentiment inavouable. La honte naît avec l'autre, par le regard de l'autre. C'est donc au thérapeute de prendre le risque de la nommer car le patient, lui, n'osera le faire. Le thérapeute se doit d'accueillir la honte, en prenant garde de ne pas la renvoyer à celui qui en souffre. Il donne ainsi au patient l'occasion de partager enfin ce qui le ronge, de sortir de son isolement.

Quelquefois, le thérapeute remarque dans le discours du patient que la honte est disproportionnée par rapport à l'objet. Comme si celle-ci avait été décuplée par des hontes empruntées à d'autres : la honte étant contagieuse, le patient a été contaminé par les générations précédentes. Un fin travail de reconnaissance s'avérera dès lors nécessaire pour rendre à chacun la honte qui lui revient.

Dates significatives ou coïncidences surprenantes

Il est dans la nature de l'homme d'associer aux événements importants des repères dans le temps, des dates, des âges, des périodes. Ainsi les naissances, les morts, les coups de chance, les malchances seront inscrits dans l'échelle du temps. Au point, parfois, que l'événement en perde son nom, n'existant plus que par sa seule date. Le 11 septembre en est un exemple. Dans les familles, chacun se réfère, consciemment ou inconsciemment, à un calendrier qui sélectionne et conserve les souvenirs, les moments clés, heureux ou malheureux. Consciemment, ces événements seront racontés, fêtés, commémorés. Inconsciemment, ces événements, pourtant jamais évoqués, seront pressentis, redoutés, voire répétés aux périodes sensibles.

Si les dates sont souvent significatives, elles peuvent être quelquefois de simples coïncidences et ne doivent en aucun cas être comprises à l'envers. Il est en effet facile de leur faire dire n'importe quoi, de leur imputer tous nos maux. Ce n'est pas parce que Mélanie est née le jour où sa grand-mère maternelle est morte que toute sa vie sera irrémédiablement vouée à la tristesse et aux larmes. Par contre, il est fort possible que la mère de Mélanie, en regardant sa fille, soit débordée par des bouffées nostalgiques ; involontairement, elle associe la mort de sa propre mère à la naissance de sa fille. Et il ne serait pas surprenant non plus que Mélanie traduise l'abattement de sa mère comme un désintérêt pour elle, une mise à l'écart ; après tout, c'est sûrement de sa faute si sa mère a tant de chagrin. Elle n'a donc aucun autre choix que de basculer dans la tristesse à son tour – tristesse qui risque d'être interprétée comme la conséquence évidente de sa naissance le jour du décès de sa grand-mère maternelle. Et la boucle est bouclée. Attention donc à n'enfermer personne dans des déductions hâtives. Une date ne cause jamais un fait, elle ne le provoque pas, mais elle permet souvent de mieux l'expliciter.

Pierre consulte pour une réelle difficulté à se laisser aller à des sentiments de bien-être. Pour lui, les moments de bonheur ne sont que des illusions : « Lorsqu'ils existent, c'est bien trop beau pour être vrai, et un malheur ne saurait tarder. » Sa femme ne supporte plus son pessimisme et menace de le quitter s'il ne fait rien pour changer. Le thérapeute le questionne sur d'éventuels événements douloureux familiaux. Après plusieurs séances de travail et des échanges avec sa famille, Pierre découvre que son arrière-grand-mère paternelle est morte un 1er avril et que son arrière-grand-père a alors formellement interdit à ses enfants de rire ou de faire des farces à cette date-là. Cet interdit s'est transmis à travers les générations, mais de façon déformée. Pour les parents de Pierre, il est défendu de rire ou de faire des farces quelle que soit la date, et donc il est défendu de se réjouir. Pierre devra travailler sur cet axe-là. Ici la date s'est désolidarisée de l'événement, il n'en est resté qu'une interdiction insensée qui a déréglé, grippé le fonctionnement familial sur plusieurs générations. Pierre n'est pas triste, il est né dans une famille où il est interdit de se montrer joyeux.

Lorsqu'on évoque les dates importantes, il est souvent question d'âges ou de périodes. Un patient, par exemple, redoute de mourir au même âge que son père, mort très jeune ; il craint même de mourir dans des conditions identiques. Un autre patient sera, lui, particulièrement inquiet à l'automne ; tous les ans, dès la fin du mois de septembre, il consulte de nombreux médecins et multiplie les examens : dans sa famille, les décès sont toujours survenus à cette saison. D'autres patients, encore, développent de véritables maladies aux mêmes âges ou aux mêmes époques que leurs ancêtres, et ce sur plusieurs générations. Certains le découvrent, consternés, au cours d'une psychothérapie transgénérationnelle. Ces moments d'extrême fragilisation, où le corps répète ce que la tête ignore parfois, sont de véritables syndromes d'anniversaire.

Dans tous les cas, les âges, dates ou périodes sont un apport non négligeable au travail transgénérationnel. Ils véhiculent les projections conscientes ou inconscientes du parent ou de la famille sur l'enfant. Le parent, consciemment ou inconsciemment, assène : « Fais comme moi au même âge. » L'enfant, consciemment ou inconsciemment, répond : « Je fais ce que tu me demandes. »

Si les parents se sont mariés jeunes, par exemple, ils peuvent attendre de leur enfant qu'il en fasse autant. Et ils ne se priveront pas de le lui faire savoir : « Dans notre famille, les couples réussis sont ceux qui se marient tôt. » Ici le projet parental est clairement défini, verbalisé. Si l'enfant est loyal, il aura de fortes chances de répondre à cette injonction. Il obéira, il mettra en scène ce qui lui a été soufflé.

Il arrive que ce projet soit tout aussi présent mais non parlé. Il s'agit d'attentes inconscientes, puissantes, que l'enfant reçoit sans pouvoir les remettre en cause, puisque rien n'a été formulé. Un parent redoutera l'échec de son fils au concours de l'école de médecine, ayant échoué lui-même, à ce même concours, au même âge ; le jour de l'examen, le fils pourra, par exemple, ne pas se réveiller à l'heure et ne pas pouvoir se présenter à l'épreuve. Il aura comme répété l'échec de son père pour lui rester loyal inconsciemment, ne pas le dépasser. Autre exemple : une jeune femme choisira d'épouser un homme beaucoup plus âgé qu'elle, rejouant inconsciemment l'union malheureuse de sa mère ; elle s'apercevra que son choix était guidé par le fol espoir de réussir là où sa mère avait échoué.

Face aux attentes du parent, l'enfant répond différemment, selon sa sensibilité. Il peut accepter ce qui lui a été fortement suggéré ou agir exactement à l'inverse. Dans son souci aveugle de faire le contraire, de ne pas répondre aux pressions qu'il perçoit, il peut même opter pour des choix malheureux, qui ne lui correspondent en rien.

La révélation d'un secret

Autrefois il était de bon ton de ne rien dire, aujourd'hui il est à la mode de tout dire. Entre rien et tout, un équilibre subtil est nécessaire. Il est des secrets utiles, légitimes, qui assurent une fonction protectrice en préservant de l'intrusion. Ils instaurent une limite entre soi et les autres, ils sont garants de l'identité de chacun. Le parent, par exemple, ne doit pas exiger la totale transparence de l'enfant, afin de lui permettre de grandir, de devenir lui, différent des autres. Le parent ne doit pas non plus raconter l'intimité de son couple, ouvrir la porte de sa chambre à l'enfant; il risquerait ainsi de le mettre en danger dans son développement psychique.

Il existe aussi des secrets inutiles qui enflent considérablement ce qui a été caché. Ainsi, un parent taira son premier mariage à son enfant, pour ne pas le perturber. Avoir choisi le silence là où il aurait été plus simple de parler, d'expliquer, apporte une dramatisation à l'événement et peut avoir pour conséquence d'entamer sérieusement la confiance de l'enfant pour son parent : « S'il m'a menti pour cela, il peut également m'avoir menti pour autre chose. »

Plus dévastateur, le secret qui a trait à des violences intrafamiliales, des emprisonnements, des internements psychiatriques... Celui-ci suinte, déborde, échappe, et donne lieu, le plus souvent, à des symptômes invalidants pour les descendants. Ce secret-là ne devrait être révélé que dans le cadre d'un accompagnement psychologique.

2

Geoffroy, une histoire de pères à fils

Dès le premier rendez-vous, Geoffroy sent que quelque chose d'important est en jeu. Sans attendre, la thérapeute l'invite à expliquer ce pour quoi il est là.

D'un raclement de gorge un peu gêné, ou agacé, Geoffroy se lance dans une explication saccadée. Sa demande est simple. Il ne trouve pas de travail. Il ne comprend pas. Il est bon. Son CV est irréprochable. Il a frappé à toutes les portes. Il a tout tenté. Il ne décroche rien. L'ami, qui lui a conseillé de venir la voir, lui a laissé entendre que le problème venait de lui. C'est pour cela qu'il est là.

La femme de Geoffroy est diabétique et depuis quelque temps son état de santé s'est aggravé irrémédiablement. Le médecin est sombre : elle va devoir interrompre son activité professionnelle. Geoffroy a quitté, il y a dix ans, un métier qui ne l'intéressait plus pour se consacrer à un projet qui l'habite depuis toujours, l'écriture d'un roman. Il a longtemps été soutenu par sa femme qui était convaincue qu'il réussirait. Le temps a passé et le roman est resté inachevé. Geoffroy est sûr de le terminer un jour. Il est cramponné à son rêve tandis que sa femme commence à douter sérieusement de la viabilité du projet. Selon elle, ils ne roulent pas sur l'or, leur fils grandit, il a douze ans, et elle est inquiète pour leur avenir à tous. Il y a cinq ans, pour la rassurer, Geoffroy a accepté de rechercher un travail alimentaire. Pourtant, il est encore sans emploi, malgré des recherches assidues, selon lui.

Aujourd'hui, la maladie de sa femme le confronte à une réalité nouvelle. Avec le diagnostic qui vient d'être posé, ses certitudes ont volé en éclats. Il se sent totalement perdu. Il doit trouver une solution mais il ne sait comment s'y prendre. Aucune de ses démarches n'aboutit jamais. Ses relations, même les plus prometteuses, n'ont rien donné. Sa femme lui reproche de ne pas vouloir s'en sortir vraiment, et même de se saborder. Peut-être a-t-elle raison, finalement, lorsqu'elle insiste pour qu'il se fasse aider. Il avoue, il est plutôt sceptique à l'égard du monde de la psychologie.

Derrière les intonations excédées de Geoffroy, la thérapeute devine une anxiété grondante. Elle lui demande d'expliquer encore.

Geoffroy a fait des études d'histoire de l'art et il a eu pendant plusieurs années un excellent job dans la publicité. Il était directeur artistique jusqu'à ce qu'il décide de retourner à ses premières amours, l'écriture. Selon lui, mener de front ces deux activités, son travail et sa passion, relevait en effet de l'exploit impossible. Il a donné sa démission. À l'époque, sa femme a trouvé cela compréhensible et a même encouragé sa décision. Elle croyait dur comme fer qu'il serait publié. Elle ne doutait ni de son talent ni de sa chance. D'ailleurs, ne l'a-t-il pas séduite en lui soumettant mille et un projets d'écriture ?

La thérapeute interroge : comment s'en sont-ils sortis jusque-là ? Est-ce sa femme qui subvenait aux besoins du ménage ?

Geoffroy avoue que son père leur a longtemps donné de quoi faire face. Jusqu'à ce que sa femme dise stop. Elle ne supportait plus l'intrusion systématique de son beau-père. Pour elle, il payait pour voir et savoir. Quand Geoffroy lui a fait part de leur volonté de se débrouiller seuls, il lui a d'ailleurs rétorqué qu'il arrêterait de donner quand bon lui semblerait. Les choses se sont envenimées entre le père et le fils, et depuis le couple s'arrangeait comme il pouvait. C'est effectivement sa femme qui, grâce à son emploi, les faisait vivre. Ils n'avaient pas de grands besoins, de plus leur fils Ghislain était encore petit.

La thérapeute lui fait remarquer qu'elle ne peut être d'aucune utilité pour lui trouver un emploi. Elle lui demande ce qu'il attend d'elle.

Geoffroy ne connaît pas grand-chose à l'analyse transgénérationnelle mais ce que lui en a dit son ami lui convient. Il ne lui paraît pas impossible, en effet, que ses difficultés soient en lien avec son histoire familiale. Et cette manière d'aborder les choses n'est pas pour lui déplaire, car sa responsabilité lui paraît ainsi moins engagée. Ce qui l'arrange.

La thérapeute abonde dans son sens. Évoquer les divers membres de sa famille, leur façon de penser, d'être, de se comporter, lui permettra d'éclairer autrement la situation dans laquelle il semble enlisé.

L'avantage d'une telle approche est de ne pas heurter et fragiliser le patient. Il parle des autres avec soulagement, mais de fait il parle de lui. Il est moins sur la défensive et se livre plus librement. Le patient détient, sans en avoir conscience, la solution à son problème, et reconnaître sa compétence, c'est le considérer comme sujet capable de résoudre ses difficultés. La solution est implicitement contenue dans la demande qu'il élabore auprès du thérapeute, dès la ou les premières séances. Cette manière de considérer le patient comme un véritable expert empêche toute prise de pouvoir du thérapeute, qui ne doit pas imposer ses solutions.

La thérapeute explicite à Geoffroy la nécessité d'énoncer clairement ce sur quoi il désire travailler. Bien préciser ses objectifs rendra les entretiens réellement profitables. Cela peut prendre plusieurs séances, mais c'est un temps incontournable pour mettre en place un travail efficace. Si la thérapeute ne peut s'engager sur la durée de la démarche, elle lui propose néanmoins de faire régulièrement le point.

En thérapie transgénérationnelle, il est bon, en effet, de faire régulièrement le point sur l'avancée du travail, par rapport au contrat qui a été conclu entre le patient et le thérapeute, en commentant ce qui a été gagné, assimilé, dépassé. Le travail thérapeutique est ainsi délimité et le patient se sent sécurisé par ce cadre qui l'inscrit ou le réinscrit dans la réalité. Pour certains il s'agit de reprendre pied dans une réalité qu'ils réfutent, pour d'autres au contraire de se dégager d'une réalité traumatisante.

Geoffroy semble rassuré par ces dernières précisions. Même s'il ne se l'avoue pas encore, le simple fait d'être venu consulter trahit la part active qu'il a et qu'il a eue dans ses difficultés. Sa femme et ses amis ne sont-ils pas également de cet avis-là ? A-t-il vraiment envie de s'en sortir et s'en est-il vraiment donné les moyens ? Selon eux, ses réflexions, ses choix et ses comportements font fi de la réalité.

Un rendez-vous est pris dès la semaine suivante.

Avec ce qu'il sait, Geoffroy esquisse un schéma de sa famille. Ses premiers mots concerneront ses origines. Son père est arrivé en France à la fin de la Seconde Guerre mondiale. Il venait de Pologne et il a acquis la nationalité française beaucoup plus tard, après avoir souffert de son statut d'apatride. Aujourd'hui, il est mort. Ses oncles, les deux frères de son père, ont choisi une autre terre d'accueil, les États-Unis. Geoffroy a peut-être des cousins mais il ne le sait pas. Et ça lui est égal. Sa mère est française. Elle est fille unique, issue d'une riche famille bourgeoise. Geoffroy a cinquante ans, il est le dernier de trois. Il a un frère et une sœur, des faux jumeaux. Il est marié depuis douze ans, à une femme plus jeune que lui.

La thérapeute le questionne sur ses grands-parents. Elle lui demande de les faire figurer sur son graphique, et de préciser leurs noms s'il les connaît. Que peut-il dire sur eux ? Sur leur vie ?

Geoffroy rassemble ses souvenirs. Il sait que sa grand-mère maternelle a eu un jour un véritable coup de foudre pour un homme. Elle a quitté brutalement son mari, en abandonnant sa fille de huit ans. Aujourd'hui encore, sa mère parle avec difficulté de cet abandon qui a été très douloureux. Le grand-père maternel de Geoffroy n'a jamais voulu refaire sa vie. Il a préféré se consacrer à sa fille. Il l'a adorée, gâtée jusqu'à ce qu'il meure. Alors elle s'est mariée. Maintenant que Geoffroy y pense, c'est comme si sa mère avait seulement changé de compagnon. Son grand-père, en effet, avait pour unique préoccupation de prendre soin d'elle, et son mari avait pour ainsi dire pris la relève. Pour Geoffroy, sa mère est restée une enfant, inscrite à jamais dans ce drame. Il a toujours été sensible à sa fragilité et s'est toujours montré précautionneux à son égard, comme son père et avant lui son grand-père.

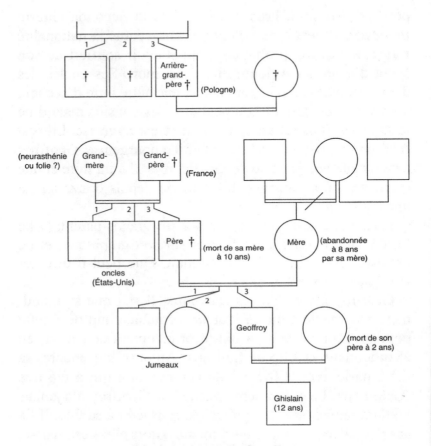

Génogramme de Geoffroy

En ce qui concerne ses grands-parents paternels, les choses sont plus incertaines. Il semble que sa grand-mère ait été une grande malade mais il n'a jamais su ce qu'elle avait vraiment. Certains disent qu'elle était neurasthénique, d'autres la soupçonnent d'avoir été carrément folle. Ce qui

58

est sûr, c'est qu'elle a fait de nombreux séjours dans des maisons de repos et que ses enfants la voyaient rarement. Elle est morte quand son père avait dix ans. Les frères aînés de son père étaient à peine plus grands. Son grand-père n'a pas eu la force de les garder près de lui et les a tous envoyés dans un pensionnat anglais réputé. Pour lui, l'essentiel était qu'ils bénéficient de la meilleure éducation et qu'ils s'allient aux meilleures familles. C'était sa manière à lui de s'acquitter de son devoir de père. La thérapeute observe que les parents de Geoffroy sont tous les deux orphelins de mère. En se mariant, le contrat tacite, inconscient, était probablement de l'ordre de « tu ne dois jamais me quitter ».

Geoffroy s'étonne de ne jamais avoir identifié ces deux blessures, curieusement identiques. Il comprend que ses parents se sont unis pour mieux panser leurs plaies, leurs blessures d'enfants. Mais il est bouleversé, déstabilisé, car il vient aussi de circonscrire enfin une souffrance omniprésente chez lui : ses parents les ont toujours ignorés, lui, son frère et sa sœur. Il comprend également que ceux-ci n'ont pu faire autrement. Ils se sont protégés et enfermés l'un et l'autre dans une relation en huis clos.

La thérapeute acquiesce. Ce qui s'est dit aujourd'hui est grave. Elle propose de mettre là un terme à la séance, pour permettre à Geoffroy d'en prendre la pleine mesure. Il a été abandonné, tout comme ses parents l'ont été avant lui.

Au rendez-vous suivant, Geoffroy trépigne et s'impatiente. Il a l'impression de se perdre dans des digressions qui n'abordent jamais son problème. Après tout, n'est-il pas là pour des difficultés d'ordre professionnel ?

Dans toute psychothérapie, il n'est pas rare que le patient

éprouve, de temps à autre, des sentiments négatifs, de l'insatisfaction. Il peut avoir l'impression que le travail piétine, qu'il s'éloigne de ce pour quoi il est venu. Il peut parfois avoir envie de tout lâcher, de tout abandonner. Ces temps de mécontentement, de découragement, masquent souvent la réticence du patient à ouvrir des portes qui l'amèneraient à se confronter à ce qu'il s'efforce de tenir à distance. Au thérapeute de négocier avec ces résistances pour maintenir l'objectif du travail, tout en ménageant les frilosités du patient.

La thérapeute entend les récriminations de Geoffroy. Elle comprend son mouvement d'humeur : il a raison, il a bien des difficultés professionnelles et il serait certainement pertinent d'évoquer les métiers exercés par les hommes de cette famille.

Rasséréné, Geoffroy se lance. Son grand-père maternel a fait fortune dans les affaires. Il a fait un sans-faute. Le reste du temps, il s'est occupé de sa fille. Son grand-père paternel avait un poste important dans l'administration polonaise qu'il a quitté en 1944, en pleine guerre, quand il a fui son pays avec ce qu'il a réussi à sauver des mains des communistes. Le père de Geoffroy, lui, a travaillé quinze ans dans une banque dont il a fini par démissionner pour ouvrir une galerie d'art qu'il voulait prestigieuse. Il ne doutait ni de son talent ni de ses relations pour réussir dans son projet. Très vite, ses espoirs ont été déçus. Cela n'a jamais marché et il s'est finalement rabattu sur la gestion de la fortune de sa femme. Il est mort il y a deux ans. Quant au frère et à la sœur de Geoffroy, ils ont fait des études brillantes mais n'ont pu ni l'un ni l'autre exercer d'activité professionnelle car ils sont entre-temps tombés malades. Ils sont tous les deux suivis en psychiatrie, depuis de nombreuses années, sans qu'aucun diagnostic n'ait été véritablement avancé, en tout cas, pas à sa connaissance.

Suite à l'évocation de sa fratrie, Geoffroy s'installe dans un silence douloureux. La thérapeute le relance pourtant pour savoir comment ses parents ont fait face à ce double drame.

Après avoir longtemps hésité, il rétorque, presque en s'excusant, que ses parents n'ont jamais fait face. Du jour où son frère et sa sœur sont tombés malades, ils se sont détournés d'eux. Sa mère demande encore quelquefois des nouvelles. Quant à son père, il n'a jamais supporté de les voir malades. Jusqu'à sa mort, il a toujours asséné à Geoffroy : « Ton frère et ta sœur sont morts pour moi. Occupe-toi d'eux, sinon je quitte ta mère. » Geoffroy a obtempéré. Il est seul à s'occuper d'eux. Le seul à se rendre régulièrement à l'hôpital.

La thérapeute s'étonne du ton monocorde avec lequel Geoffroy évoque son frère et sa sœur. Elle s'étonne encore plus de la démission de ses parents à leur égard. Aucune colère ne semble sourdre chez Geoffroy. Elle souligne que l'injonction paternelle contenait un paradoxe : lorsque son père lui parlait de son frère et de sa sœur, il lui signifiait à la fois qu'ils n'existaient plus – « ils sont morts pour moi » – et qu'ils existaient – « occupe-toi d'eux » ; dans le même temps, ce paradoxe était verrouillé par la menace du père – « sinon je quitte ta mère ». Cette injonction a permis au père de Geoffroy de clore définitivement un sujet pour lui douloureux, insoutenable. La folie de ses enfants le renvoyait probablement à la fragilité psychique qu'il avait soupçonnée chez sa propre mère, à ses séjours répétés en clinique, peut-être des internements psychiatriques. Ses jumeaux ont existé lorsqu'ils étaient brillants, ils ont cessé d'exister lorsqu'ils sont devenus fous, au même titre que sa mère qui existait pour lui lorsqu'elle était présente et cessait d'exister lorsqu'elle était internée. Une mère qui a existé par intermittence, tout comme son fils et sa fille ont existé par intermittence à travers un jeu subtil entre lui et Geoffroy.

La thérapeute ose une remarque à Geoffroy sur son excès de contrôle toutes les fois où il évoque des situations éprouvantes émotionnellement. Il rétorque, un rien sarcastique, que c'est sûrement son flegme britannique : les années de pension anglaise ont laissé leur empreinte. La thérapeute insiste : pourquoi a-t-il toujours accepté ce rôle de parent vis-à-vis de son frère et de sa sœur sans jamais rechigner ?

Avec une rapidité déconcertante, cette fois, Geoffroy répond qu'il n'était pas question de contrarier son père en lui rappelant l'existence de ses enfants malades. Sa mère le lui disait souvent. La thérapeute cherche à en savoir plus : que se serait-il passé s'il était allé contre le père ?

Geoffroy comprend soudain que la petite phrase assassine de son père – « occupe-toi de ton frère et de ta sœur, sinon je quitte ta mère » – a fait insidieusement chemin dans son esprit. Cette phrase l'a hanté, habité, telle une malédiction dont il serait responsable s'il refusait d'obéir. Il comprend qu'il n'a eu aucune marge de manœuvre, aucun choix. D'une certaine manière, en prenant soin de son frère et de sa sœur, il a protégé sa mère, qu'il a toujours considérée comme une personne fragile, à laquelle il se devait d'éviter tout désagrément.

La thérapeute revient sur les symptômes du frère et de la sœur de Geoffroy.

Geoffroy indique qu'ils sont tombés malades au même moment, vers la fin de leurs études. Sa sœur est dans un état

quasi apathique, enfermée dans son monde, tandis que son
frère est plutôt bavard. Son discours est décousu et bizarre.
Il raconte plein d'histoires de guerre, d'emprisonnement, de
torture. Il se sent menacé, suivi, épié. En dehors des temps
d'hospitalisation, ils habitent ensemble dans un petit appartement et une aide sociale y passe régulièrement.

À la séance suivante, la thérapeute fait part à Geoffroy
de ce qu'elle a relevé en relisant ses notes. Son grand-père
paternel, son père et lui-même ont tous, à leur façon, abandonné leur travail. Il semblerait que leur vie soit alors devenue problématique et qu'ils se soient marginalisés dans
leurs rôles d'homme, de père et de mari.

Geoffroy, surpris et stimulé tout à la fois, associe et relie
des faits et des idées qui lui viennent spontanément, presque
comme une évidence. Son grand-père a fui son pays, et
donc son travail, à peu près à la quarantaine. Son père a
voulu monter une galerie d'art à quarante ans. Quant à lui,
curieusement, il a hésité une bonne année pour finalement
démissionner, quelques jours avant ses quarante ans. Coïncidence pour le moins étrange. Il a interrogé sa mère pour en
savoir plus sur la famille de son père, comme la thérapeute
le lui avait suggéré. Il a bien senti que sa mère voyait d'un
mauvais œil cet interrogatoire. Elle semblait mal à l'aise,
comme si elle voulait cacher quelque chose. Les informations qu'il a obtenues sont maigres. Son arrière-grand-père
paternel aurait été à l'origine d'une collection prestigieuse
de livres sur la peinture. Son grand-père paternel, lui, a
perdu son travail quand il a quitté son pays à l'arrivée des
communistes. Il a sauvé ce qu'il a pu emporter. Il est mort

pauvre, après avoir erré entre divers pays d'Europe et dilapidé ce qu'il possédait. Rien de très nouveau.

Pour Geoffroy, l'attitude hostile et fermée de sa mère est incompréhensible et son mutisme le pousse à chercher ailleurs les informations qu'elle lui refuse. Il va se débrouiller pour contacter les frères de son père par internet. Il ne les connaît pas, il ne les a jamais rencontrés.

La thérapeute amorce la séance suivante en interrogeant Geoffroy sur son manque d'autonomie financière. Après tout, il dépend de l'argent de sa femme pour vivre. Geoffroy semble surpris par cette question. Il reste silencieux.

La thérapeute reprend : et qu'en était-il de son père ? Ne vivait-il pas, lui aussi, grâce ou aux dépens de sa femme ? Que peut-il en dire ?

De mauvaise grâce, Geoffroy compare alors l'arrangement financier de son couple à celui de ses parents. Son père, sous couvert de gestion, vivait du patrimoine de sa femme. Lui-même, c'est vrai, est également très occupé par la prise en charge de son fils Ghislain. Il assure les conduites à l'école, il fait les courses, il cuisine. Bref, il n'arrête pas une seconde et il a un mal fou à trouver du temps pour terminer son roman. Cela dit, il le reconnaît, il vit grâce au salaire de sa femme.

La thérapeute avance que, comme son père, il assume une charge de travail quotidienne qui lui donne bonne conscience et qui, de plus, lui donne le sentiment de ne pas être en dette. Mais si son père, lui, a mené grand train grâce aux revenus du patrimoine de sa femme, la réalité de Geoffroy est tout autre : il a vécu, lui, grâce au travail de sa femme. Sa femme a assumé cette charge un temps, un temps suffisamment long pour qu'on soit en droit de se demander en quoi cela lui convenait.

Geoffroy réfléchit. Sa femme a perdu son père lorsqu'elle était enfant. Il lui a terriblement manqué. Elle a peut-être soutenu son projet de devenir écrivain, et sa démission imprudente, tout simplement pour être sûre de le garder auprès d'elle. Et peut-être surtout pour assurer à leur fils Ghislain la présence d'un père qui ne lui ferait jamais défaut. Le père de sa femme est mort brûlé dans un accident de voiture, lorsqu'elle avait deux ans. Il réalise, abasourdi, que lorsqu'il a décidé de démissionner, leur fils allait avoir deux ans, lui aussi. Il est sidéré par la coïncidence des âges.

La thérapeute confirme que si sa femme s'est montrée si compréhensive, si elle l'a laissé libre de quitter son travail malgré le risque évident, c'était sans nul doute parce que sa décision à lui, inconsciemment, entrait en résonance avec sa blessure à elle, la mort de son père lorsqu'elle était enfant. L'accord tacite entre Geoffroy et sa femme garantissait effectivement à leur fils Ghislain un père à ses côtés pour toujours.

Au cours d'une thérapie transgénérationnelle, il arrive que le thérapeute mette au jour un syndrome d'anniversaire. Le patient, par exemple, souffre d'une symptomatologie alors que son enfant atteint l'âge qu'il avait lui-même lorsqu'il a été victime d'un événement traumatique. Il est alors possible de faire le lien entre la symptomatologie du patient et cet événement traumatique du passé. Ainsi, au moment où Geoffroy envisageait de quitter son travail, sa femme traversait une période d'anniversaire, un moment critique de fragilisation psychique. En effet, son fils venait d'avoir deux ans, âge auquel elle avait perdu son propre père. Elle était donc en droit de craindre, inconsciemment, que son fils Ghislain perde également son père. La démission de Geoffroy s'est présentée, paradoxalement, comme une solution rassurante.

Geoffroy réalise soudain que sa démission irréfléchie l'a placé dans la même situation que son propre père à l'égard de sa mère : son père, à sa manière, s'est détourné de son travail pour mieux s'occuper de sa mère ; de même, Geoffroy s'est rendu libre pour s'occuper exclusivement de sa femme. À l'époque, leur entourage familial et amical n'a rien compris à cette décision et s'est inquiété de ce qu'ils allaient devenir. Sa femme n'a fait aucune objection – et pour cause – et lui-même n'en n'a pas été surpris.

Dans un travail thérapeutique de ce type, le patient s'aperçoit souvent que son choix amoureux était moins libre qu'il ne se l'était imaginé. Ce choix est imprégné des modèles parentaux, mais également de ce qui s'est joué à l'intérieur des autres couples de la famille. Le patient constate aussi qu'un ajustement inconscient, troublant, facilite la rencontre, poussant les partenaires l'un vers l'autre. Ainsi, dans un couple, au-delà de deux personnes, ce sont deux histoires familiales qui s'emboîtent, qui se répondent l'une à l'autre.

Dans le couple des parents de Geoffroy, la mère a établi un lien exclusif avec son mari qui rejoue le lien privilégié qu'elle avait eu avec son père. Dans le couple de Geoffroy, sa femme a établi un lien privilégié avec lui, qui répare la relation brisée prématurément entre elle et son propre père. L'une, la mère de Geoffroy, répare en quelque sorte le passé. L'autre, la femme de Geoffroy, répare l'avenir, c'est-à-dire se préserve d'un avenir qu'elle redoute. Aujourd'hui la femme de Geoffroy n'accepte plus ce lien de couple aliénant. Quant à Geoffroy, grâce à son travail thérapeutique, il en comprend les effets négatifs. En ce qui concerne ses parents, leur relation vécue sur un mode exclusif a totalement gommé les enfants. C'est Geoffroy qui a assuré la fonction de parent pour son frère et sa sœur, fonction qui lui a été imposée par son père, avec la complicité de sa mère. Geoffroy a été obligé, abusivement, d'endosser une lourde responsabilité vis-à-vis de sa fratrie. C'est cette même responsabilité, qui ne lui revenait pas, qui lui a permis de développer une forte sensibilité à l'égard de son fils, et qui a ouvert une brèche dans le schéma familial. Ce qui lui a évité de s'enliser dans un jeu de couple exclusif et de négliger son enfant.

Quelques jours plus tard, la thérapeute accueille Geoffroy et lui fait remarquer son agitation inhabituelle : que se passe-t-il ? Quelque chose de grave est-il arrivé ?

Geoffroy explose. Depuis qu'il a démarré ce travail, il va de surprise en surprise et ce qu'il vient de découvrir sur internet est ahurissant. Il vient de découvrir que son arrière-grand-père paternel était juif. Geoffroy ne comprend pas pourquoi son père, qui était forcément au courant de tout cela, a dissimulé la vérité. Pourquoi ses parents ne lui ont-ils rien dit sur leur origine juive ? Il est allé voir sa mère. Sa seule explication a été : « Au départ, on voulait vous protéger. Après on a oublié. » Toujours sur internet, Geoffroy a découvert que son arrière-grand-père avait des frères. Ils ont gardé leur nom d'origine tandis que son arrière-grand-père, lui, en a changé. Et le plus beau de tout, c'est que ce n'est pas lui qui a créé la collection de livres d'art dont on lui a toujours rebattu les oreilles, ce sont ses frères.

Le frère de Geoffroy, avec son discours décousu et bizarre, lui, ne semble pas avoir oublié. Geoffroy explique à la thérapeute que les délires de celui-ci, en effet, se sont toujours nourris de la guerre, de la persécution, de la torture.

La thérapeute souligne que la thématique récurrente des productions verbales du frère de Geoffroy résonne étrangement avec les souffrances de leurs aïeuls et transpire le secret de leurs origines. Comme si le non-dit avait suinté à travers les générations, et ce malgré le silence du grand-père paternel et celui des parents de Geoffroy. En écho à la parole délirante douloureuse du frère jumeau, il y a le mutisme de la sœur jumelle. Elle, à son insu également, reste fidèle à la loi du silence.

Geoffroy se souvient maintenant que son père a toujours été chatouilleux sur ce qui concernait, de près ou de loin, la question juive. Il a, un jour, été brutal avec la femme de Geoffroy. Elle était enceinte de Ghislain et évoquait avec ses beaux-parents les différents prénoms auxquels elle pensait. Sa préférence allait à Élie. Son père a réagi violemment : « Ne donnez jamais de prénom juif à votre enfant, ce serait le condamner à une mort certaine. Si vous, vous pouvez prouver vos origines, votre mari ne le peut pas. Les papiers de famille ont été perdus pendant la guerre. » Geoffroy se rend compte à quel point son père, avec la complicité de sa mère, a réussi à évincer définitivement de leur vie toute référence à la judéité. D'ailleurs, socialement, ils affichaient un catholicisme volontiers intégriste, teinté d'antisémitisme.

La thérapeute pointe la contradiction entre le discours et l'histoire familiale du père de Geoffroy. Ils n'ont rien à voir avec les juifs et pourtant son grand-père est d'origine juive. Cette contradiction rejoint le double discours qu'il tient sur ses « enfants fous » qui ne sont plus ses enfants. Il semble que, pour le père de Geoffroy, la filiation soit coupée dès lors qu'elle représente un danger, que celle-ci concerne les ascendants ou les descendants. La thérapeute engage fortement Geoffroy à entrer en relation avec ses oncles d'Amérique, les frères de son père. Ceux-ci auront sans doute d'autres informations à lui transmettre. Elle lui propose de caler leur prochain rendez-vous juste après qu'ils se seront joints, car il pourrait être déstabilisé par de nouvelles révélations.

Geoffroy revient dès la semaine suivante. Ses oncles ont été ravis de sa démarche. L'aîné a répondu avec plaisir à chacune de ses questions et il a même raconté beaucoup d'anecdotes, comme s'il voulait prolonger ce lien qui s'établissait enfin. Quant au second, s'il a été moins bavard, il a néanmoins confirmé les dires de son frère. Il a été très étonné de l'ignorance de Geoffroy et de la façon dont son père avait réécrit l'histoire. Leur père, le grand-père de Geoffroy, est effectivement mort pauvre, mais après avoir dilapidé non pas son argent mais celui de sa femme. Il a certes travaillé dans l'administration polonaise, mais il s'agissait d'un petit travail d'écriture. Rien à voir avec ce que le père de Geoffroy laissait entendre, un homme brillant, un poste clé. Il a avant tout fait un mariage avantageux, sa femme ayant un nom et du bien. Cette dernière information avait d'autant plus d'impact que Geoffroy a appris la même semaine que le poste de son père à la banque n'avait, lui non plus, rien de prestigieux. Il a su également par ses oncles que son grand-père n'avait jamais hérité, pour la simple raison que son propre père n'avait jamais fait fortune : non seulement il n'avait jamais travaillé à la gloire de la fameuse collection de livres d'art mais il semblerait également qu'il ait été exclu de la réussite familiale pour des raisons non connues. La seule chose dont les oncles de Geoffroy sont certains, c'est que cet arrière-grand-père a changé de nom pour épouser une jeune femme de la grande bourgeoisie qui n'était pas de sa confession. Peut-être était-ce là la raison de son exclusion de l'aventure des livres d'art ?

Geoffroy fait part de sa perplexité à la thérapeute. Ses plus anciens repères, ses certitudes ont comme explosé depuis ces dernières semaines. Il a l'impression d'avoir été élevé par des étrangers, d'avoir été trompé sur tout. Il confie qu'il s'est souvent senti déraciné, et qu'il a toujours relié cela au fait d'avoir été très tôt pensionnaire. Il comprend aujourd'hui que les raisons sont plus complexes, en lien sûrement avec ces nombreux mensonges. Il découvre également que les hommes de sa famille sont loin d'être aussi brillants qu'on le racontait, ou qu'on le lui a laissé imaginer. Finalement, son échec à lui et ses problèmes d'argent ont peut-être un lien avec cette distorsion de la réalité ?

Après avoir longuement évoqué avec Geoffroy le rôle et la place des hommes dans sa famille paternelle, la thérapeute s'arrête sur le curieux positionnement des femmes sur quatre générations. La femme de Geoffroy a permis, grâce à son salaire, de les faire vivre son fils et lui. La mère de Geoffroy, par sa fortune personnelle, a assuré un train de vie confortable à son mari et à ses enfants. La grand-mère paternelle, bien que neurasthénique, a subvenu aux besoins de sa famille avant et même après sa mort. Quant à l'arrière-grand-mère paternelle, elle semble, elle aussi, avoir été bienvenue lorsqu'elle a épousé un jeune homme mis au ban de la réussite familiale.

Tout se passe comme si les hommes, depuis quatre générations, vivaient des biens, de la fortune ou du salaire de leurs femmes, et contractaient de ce fait une dette à leur égard, qu'ils devaient payer en retour d'une attention exclusive. Geoffroy en quittant son travail devient dépendant de sa femme. Son père a toujours vécu du patrimoine de sa femme et devait en contrepartie prendre soin d'elle exclusivement. Les oncles de Geoffroy, avec leur témoignage, ont également confirmé l'extrême dévouement de leur père pour leur mère neurasthénique, au point d'avoir rejeté leurs enfants. Quant à l'arrière-grand-père paternel, son alliance avec sa femme lui a en quelque sorte coûté son nom et sa religion, donnant ainsi une exclusivité à la culture de sa femme. Dans cette famille, les hommes ne s'occupent et ne se préoccupent que de leurs femmes. Ils ne s'inscrivent pas dans le monde du travail. Ils ne s'intéressent pas non plus à leurs enfants, ils se détournent de leur fonction de père. Geoffroy, à la différence des hommes de sa famille, est très concerné par son fils. Pour lui, pas question de l'exclure. Mais plus qu'un véritable père, il est un grand frère. Car l'injonction paternelle – « sois un père pour ton frère et ta sœur » – a amalgamé les rôles de père et de grand frère chez Geoffroy. La responsabilité qu'il a assumée et qu'il assume encore vis-à-vis de sa fratrie lui a valu de ne pas sacrifier son fils à sa relation de couple. Mais d'une certaine manière, il y a confusion des rôles, à son insu. Pour lui, être père, c'est être grand frère.

À la séance suivante, Geoffroy, étonné et impressionné par les rôles et les places tenus par les hommes de sa famille, demande à revenir sur les interactions familiales. Chez lui, l'exclusion est de règle. Les relations parents-enfants ne s'établissent pas. Ses propres parents les ont exclus, lui, son frère et sa sœur. Le couple a assumé la fonction conjugale, celle qui concerne les deux partenaires, mais s'est soustrait à la fonction parentale, celle qui concerne les enfants. Le père de Geoffroy et ses frères ont été également exclus par leurs parents car leur père, le grand-père paternel, ne se préoccupait que de sa femme malade. Lorsqu'elle est morte, il les a envoyés en pension. Puis lors de la guerre, il vient en France laissant en Pologne ses parents qu'il ne reverra jamais.

Pour la thérapeute, ce jeu d'exclusion entre parents et enfants se double d'un jeu d'exclusion au niveau des fratries. En effet, l'arrière-grand-père paternel a été isolé par ses frères éditeurs qui, eux, ont connu une belle réussite. Le grand-père paternel est isolé de fait puisqu'il est fils unique. Le père de Geoffroy a été coupé de ses frères, car ces derniers ont émigré aux États-Unis. Et, pour finir, Geoffroy se sent, lui aussi, marginalisé et seul car la maladie de son frère et de sa sœur rend toute communication avec eux impossible. Tout se passe comme si, à chaque génération, dans chaque fratrie, il y avait une sorte de consensus inconscient qui en écartait l'un des membres : l'arrière-grand-père paternel, le grand-père paternel, le père de Geoffroy et Geoffroy sont les exclus des fratries.

Geoffroy remarque que tous ces hommes ont, d'une certaine manière, compensé et remédié à ces exclusions en épousant des femmes d'un rang social plus élevé, avec du bien. Lui seul semble s'en démarquer. Certes sa femme est d'une vieille famille française, elle a un nom, mais elle, elle n'a pas de fortune. Il se souvient d'ailleurs qu'il lui a fait remarquer un jour qu'on ne pourrait jamais dire qu'il l'avait épousée pour son argent. Mais maintenant qu'il y réfléchit vraiment, il se demande s'il n'avait pas, alors, perçu inconsciemment ce mécanisme d'alliance compensatoire dans les couples de sa famille : les femmes qui ont un nom ont toujours mis les hommes de sa branche paternelle à l'abri du besoin. D'une certaine manière, le nom aristocratique de sa femme le protégeait à coup sûr. Dès lors, démissionner ne comportait aucun risque. La croyance transgénérationnelle avait comme opéré.

La thérapeute abonde dans le sens de Geoffroy. Dans les couples de cette famille, les partenaires ne peuvent faire l'un sans l'autre. Les femmes, par leur nom et leur fortune, permettent une réparation de la blessure d'exclusion qui s'est jouée dans la fratrie. En retour, les hommes pansent les blessures d'abandon de leurs femmes en leur faisant don d'eux-mêmes et en renonçant à toute réalisation en dehors d'elles.

Geoffroy acquiesce silencieusement. Il entrevoit douloureusement qu'il n'a pas réussi à se soustraire à la loi familiale.

L'approche transgénérationnelle parle de loyautés, visibles et invisibles, pour rendre compte de ces attachements, conscients et inconscients, aux valeurs et aux croyances familiales. Au thérapeute de repérer ces loyautés dans l'histoire du patient, de les inventorier avec lui et d'en évaluer leur viabilité pour l'aider, si nécessaire, à les déjouer et à gagner ainsi en liberté et en autonomie.

Pour la thérapeute, dans cette famille, il y a confusion entre accéder à un rang social plus élevé et se mettre à l'abri des problèmes d'argent. Geoffroy revendique son amour pour sa femme. Il l'a épousée par amour et non pour son argent. En fait, tout s'est passé comme s'il avait inconsciemment considéré que le nom de sa femme suffisait à lui garantir une protection matérielle. Que, grâce à cette union, il n'aurait pas à affronter des difficultés financières. Cet ancrage inconscient a renforcé la décision de démission de Geoffroy, et ce malgré les risques, et rend compte également de sa difficulté actuelle à retrouver un emploi.

Le patient exprime souvent un sentiment d'impuissance lorsqu'il s'agit de passer de la compréhension à l'action. Il est alors utile, voire nécessaire, de consolider le travail transgénérationnel par un suivi régulier, afin d'assimiler ce qui a été mis en lumière et de l'inscrire dans la vie quotidienne. Au cours de ce suivi, le thérapeute établit avec le patient la liste des objectifs à atteindre et, de séance en séance, le patient devra mentionner les difficultés qu'il a rencontrées et les progrès accomplis.

La thérapeute propose à Geoffroy un travail de suivi pour l'accompagner dans son quotidien. Il a été fortement inscrit dans un comportement d'échec paralysant. Il importe, aujourd'hui, qu'il ne se décourage pas et qu'il comprenne que ses difficultés proviennent aussi de la réalité économique du monde extérieur. En effet, personne ne peut sortir indemne d'un arrêt de travail aussi long. Geoffroy doit aussi accepter que son intégration dans le monde du travail ne peut se faire que par paliers progressifs. Son rapport à la réalité a été mis à rude épreuve dans cette famille qui affirme et infirme – « tu es mon enfant, tu n'es pas mon enfant » –, qui assène des injonctions confuses, paradoxales – « occupe-toi de ton frère et de ta sœur, sinon je quitte ta mère » –, qui réinvente l'histoire toutes les fois où celle-ci dérange – « il n'y a jamais eu de juifs dans notre famille » – et où le risque de folie terrorise et justifie un système de protection, des mécanismes de défense puissants tels que la mise à distance, le déni. Mécanismes qui peu à peu isolent l'individu de la réalité. Geoffroy, qui a d'abord adhéré à cette confusion familiale, a très vite dû s'en protéger. Il s'est mis à l'écart des échanges pathogènes de la famille, tout en y restant, malgré tout, très impliqué. En ignorant cette réalité familiale dangereuse, il s'adaptait. Mais plus tard, en ignorant la réalité économique, en démissionnant, il a mis sa propre famille en danger. Pour lui, cette façon de se couper de la réalité est un mécanisme de défense qui lui a permis, très jeune, de se protéger de la folie de sa famille d'origine. Ce mécanisme, qui se voulait protecteur, s'est finalement retourné contre lui et contre la famille qu'il a créée.

Les mécanismes de défense sont des stratégies généralement inconscientes qui servent à réduire l'angoisse née de conflits internes ou externes. Ces stratégies permettent de s'adapter, de s'ajuster à la réalité, mais elles deviennent pathogènes toutes les fois où elles soustraient l'individu à la réalité. Au thérapeute de souligner cette double dimension, positive et négative, afin de permettre au patient de mobiliser ces stratégies de défense à bon escient. Il arrive que l'individu utilise de préférence, voire systématiquement, une ou plusieurs de ces stratégies car elles ont été mises en place très tôt dans l'enfance pour faire face à des dangers, internes ou externes, particulièrement forts. L'individu s'enferme alors, malgré lui, presque automatiquement, dans des conduites inadéquates aux situations dans lesquelles il se trouve. Le déni est le mécanisme de défense qui correspond à une attitude catégorique de refus d'une perception douloureuse de la réalité. Le déni peut s'accompagner d'un clivage qui permet de faire coexister des perceptions contradictoires sans les relier. Le clivage évite la confusion qui pourrait naître de la mise en relation, il sépare. Ainsi, chez Geoffroy, déni et clivage ont permis tantôt d'ignorer, tantôt de faire coexister les messages follement contradictoires de sa famille, sans jamais les relier, donc sans jamais générer d'angoisse.

Aujourd'hui, Geoffroy se réinscrit dans le monde du travail. Il connaît encore de sérieuses difficultés quant à la pérennité de son emploi et quant à son assise financière. Il souhaiterait, après ces années difficiles, que tout soit résolu d'emblée. Un bon job, un bon salaire. Il est souvent découragé. Tout se passe comme s'il ne percevait que deux façons d'être au monde, avoir tout ou n'avoir rien. Avoir tout, c'est être dans une relation d'exclusivité ; n'avoir rien, c'est être exclu.

Comme l'a montré le travail de Geoffroy, ces deux positions sont en parfaite résonance avec l'histoire consciente et inconsciente de sa famille. Pour lui, réussir professionnellement, c'est prendre le risque de se détourner de sa femme, donc de la perdre ; c'est aussi trahir la loi familiale. À l'inverse, rester dans l'échec professionnel, c'est se maintenir dans une position sociale inconfortable ; c'est aussi obéir à la règle familiale. Ne pas accéder au monde du travail, c'est en effet rester dans cette relation d'exclusivité, de dépendance à la femme, mode de relation privilégié, commun aux hommes de cette famille, sur quatre générations. L'histoire de Geoffroy nous parle bien de loyauté de pères à fils.

L'illusion dans le couple

Un couple est, par définition, une entité en évolution permanente. En effet, il traverse différentes étapes qui sont garantes de son maintien dans le temps. Au départ, il y a la rencontre. C'est le temps des affinités immédiates, pour certains le coup de foudre. Chacun vit l'autre comme le partenaire idéal, susceptible de satisfaire toutes les attentes et tous les besoins. Cette phase correspond à une véritable illusion, cultivée par quelques-uns sous la forme de passions aussi brûlantes qu'éphémères. Vient ensuite le temps de la désillusion, la fin de l'aveuglement. L'autre apparaît tel qu'il est réellement, au-delà des attentes et des projections. C'est une phase d'acceptation de l'altérité. À ce moment-là, l'histoire du couple va pouvoir s'écrire. Les deux partenaires s'engagent dans une phase de construction et de solidarité qui vise à mettre en commun intérêts, habitudes, réseaux relationnels. Cette mise en commun n'est jamais acquise et se doit toujours d'évoluer et d'être capable d'ajustement.

Dans certains couples, il arrive que la phase d'illusion, où l'autre n'est pas accepté dans son altérité, perdure parfois très longtemps. Ce qui engendre inévitablement mésententes et difficultés. Pour ces couples, il s'agit d'un véritable blocage dans le temps, l'évolution de la relation est entravée. Chacun reste prisonnier de ses attentes, d'un autre qu'il imagine, qu'il rêve, mais qui n'est jamais celui qui lui fait face.

Le couple de Geoffroy illustre bien cette part d'illusoire, où les besoins et les attentes à l'égard de l'autre ont largement pesé.

Le comportement d'échec

Certains ne veulent pas voir qu'ils sont artisans de leur propre malheur. Ils ont l'intime conviction d'avoir tout fait et de tout faire pour réussir dans ce qui leur tient à cœur. La plupart consultent tardivement, le travail de sabordage étant très avancé. La résistance psychologique de ces patients est puissante, car le moteur inconscient de leurs actes répétés leur échappe, il est le plus souvent très enfoui.

Lorsqu'il est travaillé en thérapie classique, le comportement d'échec massif est un symptôme souvent rebelle. Il gagnera à être abordé selon un axe d'analyse transgénérationnel qui piochera dans l'histoire familiale du sujet les éléments pour le débusquer. Il en a été ainsi de l'échec, cristallisé, de Geoffroy qui s'inscrivait dans une histoire particulière, une histoire d'hommes, à laquelle il lui était difficile de se soustraire. Pour beaucoup, le comportement d'échec est lié à un conflit entre les origines, les croyances familiales, et l'exigence sociale qui oblige à les abandonner, à les renier.

La question des origines

Chacun est amené, un jour ou l'autre, à s'interroger sur ses origines. Personne ne fait l'impasse de cette démarche, qu'elle soit accompagnée ou non psychologiquement. L'enfant, déjà, en fait une question primordiale : « Suis-je vraiment né dans cette famille ? Mon père est-il mon père ?... » Certaines personnes abordent ce sujet moins spontanément, voire le relèguent, le renient, mais de fait elles sont habitées au plus profond d'elles-mêmes par ce questionnement. Et vont parfois jusqu'à s'inventer une histoire, à se construire un véritable « roman familial ». Ce questionnement est amplifié lorsque la famille se tait, lorsqu'elle est issue d'un exil, ou encore lorsque l'enfant a été adopté, lorsqu'il est né d'une procréation assistée... Tout se passe comme si le manque d'information ouvrait la porte à l'imaginaire, au fantasme ou à l'angoisse. Le vide peut être créateur ou dévastateur.

Dans un travail transgénérationnel, la confrontation avec ses origines, qu'elles soient mal connues, mensongères, fantasmatiques ou réelles, est incontournable pour assurer un point d'appui nécessaire au patient. Ainsi conforté sur d'où il vient, il est plus libre de cheminer vers où il veut aller.

3

Dominique et ses sœurs,
une dépendance contagieuse

Dominique est inquiète. Sa mère a toujours bu en cachette. Sa sœur aînée, Christine, a suivi une cure de désintoxication alcoolique dans un hôpital psychiatrique. Et elle vient de comprendre que son autre sœur Valérie s'adonne, elle aussi, à la boisson. Cette dernière découverte a eu sur elle l'effet d'une bombe. Elle redoute que cette véritable contamination familiale ne s'étende jusqu'à elle et ses enfants. Son mari est bon vivant et il ne conçoit pas ses retours de bureau sans un verre de whisky, ce qui n'arrange rien.

La thérapeute entend les craintes de Dominique. Elle les prend en compte, mais elle les tempère cependant. L'alcoolisme n'est pas héréditaire, bien qu'il ne soit pas rare de rencontrer plusieurs personnes alcooliques dans une même famille. L'alcoolisme n'est pas non plus une maladie, c'est un comportement. Il n'existe donc pas de fatalité, mais il importe de toujours le resituer dans un contexte et une histoire familiale. À l'heure actuelle, on parle plus volontiers de « conduite alcoolique ». Celle-ci est abordée dans le champ très large des addictions, qui recouvre également les toxicomanies, les conduites alimentaires déviantes, comme l'anorexie ou la boulimie. On s'intéresse donc en priorité à la problématique du sujet dépendant et on s'attarde moins sur le produit. Le sujet est considéré comme dépendant toutes les fois où il a perdu la liberté de s'abstenir du produit, de l'alcool.

La thérapeute sait d'expérience que ses explications ne seront pas suffisantes pour éliminer définitivement les appréhensions de sa patiente. Au cours de ce premier entretien, elle lui propose d'engager un travail, une réflexion sur elle-même et sur sa famille, afin de désamorcer ses craintes. L'indication d'une thérapie transgénérationnelle est donc posée.

Le génogramme de Dominique est riche. Les informations qu'elle donne sur sa famille sont précises. Son père est informaticien. Il vient d'une famille modeste. Il est le dernier d'une fratrie de quatre garçons. Ses frères sont tous décédés lorsqu'il se marie, à quarante-cinq ans. La mère de Dominique a quinze ans de moins, elle est femme au foyer. Elle vient de la grande bourgeoisie. Elle a une sœur avec laquelle elle s'entend mal, qui, elle, n'a jamais eu d'enfant. Dans sa fratrie, Dominique est la petite dernière. Son prénom lui pèse parce qu'il était destiné au frère qui la précédait, mort à la naissance. Elle a deux sœurs, Christine et Valérie, qui sont très rapprochées en âge. Dominique est la seule à avoir quitté la province, toute sa famille y est encore, et tous habitent non loin les uns des autres. Même sa grand-mère maternelle, toujours vivante, a sa maison tout à côté de celle de ses parents.

Sa grand-mère a été veuve très jeune. Elle ne s'en est jamais plainte. Elle a fait face, a éduqué ses filles seule et elle s'est imposée comme le personnage fort de la famille. Encore maintenant, elle reste incontournable. Grâce à elle, ses enfants et petits-enfants ont des revenus confortables et aucun choix important ne se fait sans son accord. Elle a toujours eu son mot à dire sur tout, y compris sur leur éducation quand Dominique et ses sœurs étaient petites. Elle avait même la clé de leur appartement et elle venait sans crier gare, quand ça lui chantait. Les parents de Dominique ne s'y sont jamais opposés. Dominique s'étonne encore du peu de réaction de sa mère, mais de la part de son père, rien ne la surprend. Il ne s'intéresse qu'à son travail. Même avec sa femme, les échanges se sont toujours limités au strict minimum.

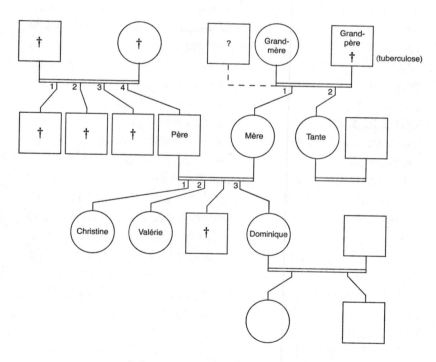

Génogramme de Dominique

La thérapeute demande à Dominique d'en dire un peu plus sur son enfance avec ses sœurs.

Sa sœur aînée, Christine, avait six ans lorsque le fils tant attendu est mort. Ses parents souhaitaient un autre garçon mais c'est Dominique qui est née. D'après ce qu'elle a compris, c'est à ce moment-là que son père s'est définitivement détourné de ses enfants et de sa femme. Sa grand-mère lui a même précisé que toutes les fois où sa mère se plaignait de son indifférence, son père répétait qu'«une famille avec des garçons, bien vivants, aurait dû remplacer ses frères morts». Pour lui, ni elle ni ses sœurs n'avaient la moindre valeur et il les repoussait chaque fois qu'elles venaient vers lui quémander des gestes d'affection. Seul son travail le raccrochait à la réalité. C'est Christine qui a particulièrement souffert de son rejet. Dominique imagine que sa sœur a également pris de plein fouet le chagrin de leur mère. Elle est l'enfant que les parents ont sacrifié. Leur mère était constamment sur son dos. Elle martelait sans cesse que Valérie était aussi vive et brillante que Christine était lente et passive. Valérie était citée en exemple, à la maison comme à l'école, alors que Christine était dénigrée pour un rien par les parents comme par les professeurs. En ce qui concerne leurs liens à toutes les trois, c'était compliqué. Christine était partagée entre admiration et jalousie pour sa sœur Valérie. Dominique, elle, ne supportait pas Valérie qui d'ailleurs le lui rendait bien. Quant à ses rapports avec Christine, ils sont restés longtemps inexistants.

La thérapeute pointe deux éléments complémentaires dans le fonctionnement de cette famille : une absence de communication réelle qui isole chacun les uns des autres et une ingérence évidente de la grand-mère. C'est d'ailleurs ce vide de paroles qui probablement autorise et encourage l'intrusion abusive de la grand-mère. Comprendre comment les membres de sa famille d'origine réagissent les uns avec les autres permettra à Dominique de se préserver, elle, et de protéger sa propre famille.

Encouragée par cette intervention de la thérapeute, Dominique reprend. Sa grand-mère a toujours entretenu un discours opaque, ce qui contribue à semer l'incompréhension autour d'elle. Elle a toujours affiché un profond mépris pour sa fille aînée, la mère de Dominique, alors qu'elle adule sa seconde fille. Dominique se demande pourquoi sa grand-mère ne s'est pas tout simplement détournée de cette fille qu'elle rejette, pourquoi elle s'inquiète encore de tout ce qui la concerne. Et pourquoi elle continue à les prendre en charge tous. Tout se passe comme si sa grand-mère était redevable de quelque chose, prisonnière d'une obligation vis-à-vis de sa fille aînée.

Dans les familles, les actes de chacun sont comme inscrits dans un grand livre des comptes. Nul n'y échappe. Ce qui n'a pas été réglé à une génération doit se régler dans les générations suivantes.

La thérapeute revient sur la dernière idée de Dominique. Sa grand-mère, en effet, a peut-être contracté une dette qui l'oblige vis-à-vis de sa fille aînée et de ses descendants. Elle suggère à Dominique d'interroger sa mère ou peut-être sa tante pour mieux comprendre la relation de la grand-mère à ses filles.

Lors de la séance suivante, Dominique confie, navrée, que décidément elle et sa mère ont beaucoup de mal à se parler. Leur rencontre n'a rien donné, ses questions sont restées lettre morte. Elle a téléphoné ensuite à sa tante, par acquit de conscience, pour ne pas se reprocher de ne pas avoir tout tenté. Et là, en revanche, cela a été fructueux. Après avoir parlé de choses et d'autres, sa tante lui a finalement révélé ce qu'elle avait toujours tu. Dominique a ainsi appris la liaison cachée de sa grand-mère, peu avant son mariage. Elle avait été passionnément amoureuse et elle était tombée enceinte. L'homme avait refusé de s'engager. Il était parti sans un mot. Il l'avait laissée abandonnée, brisée. Celui que Dominique pensait être son grand-père n'était donc pas son grand-père biologique. C'est un homme qui avait accepté d'épouser sa grand-mère et de reconnaître l'enfant qu'elle portait. Il faut croire qu'il tenait vraiment à elle. Quel dommage qu'il soit mort si jeune d'une tuberculose : d'après sa tante, il était bon et généreux, et il aurait sûrement fait leur bonheur à tous. La mère de Dominique est donc le fruit d'un amour déçu. Est-ce cela, la dette ? Depuis qu'elle sait, Dominique réinterroge ses souvenirs d'enfant, ses impressions, les faux-semblants et les sous-entendus. Elle a souvent pensé que sa mère ne ressemblait à personne dans la famille, et surtout pas à sa tante. Sa mère a la peau mate et les yeux noirs, sa tante a une vraie peau de rousse et les yeux bleus. Avec l'âge, leurs différences physiques se sont considérablement accentuées. Dominique voit enfin une raison à la préférence affichée de sa grand-mère pour sa tante. Sa mère est née d'un lâche, d'un homme qui a pris la fuite, et sa grand-mère en a sans doute gardé une rancœur terrible. Rancœur contre lui, mais aussi contre l'enfant. C'est bien ce qu'elle ressentait sans comprendre dans les paroles amères de sa grand-mère.

La thérapeute souligne qu'il était scandaleux d'être fille mère à l'époque et que la honte a joué un rôle majeur dans le désamour de la grand-mère pour sa fille aînée. Honte de porter un enfant sans père, bien sûr, et honte de sentir la honte de l'entourage. Honte tue à l'intérieur de la famille, où personne ne dit rien mais où le silence pèse, honte vis-à-vis du monde extérieur dont le jugement est redouté.

Dominique acquiesce. Au fur et à mesure que la thérapeute commente, elle réalise que la honte a envahi toute sa famille, comme si elle s'était insinuée chez chacun, et démultipliée ; le père, qui n'a que des filles, a honte d'avoir trahi la pérennité du nom de famille ; la mère boit en cachette probablement parce qu'elle a honte d'être une enfant illégitime, honte de la honte de sa mère, honte de ne pas avoir su se faire aimer d'elle ; ses sœurs aussi sont dans la honte, Christine de son insignifiance, Valérie du trop de place qu'elle a pris, et enfin Dominique elle-même de ne pas avoir été un garçon. De plus, il lui en a coûté de venir ici pour évoquer des problèmes d'alcool. Boire, c'est honteux. Dominique confie que c'est maintenant qu'elle prend conscience des ravages causés par la honte dans sa famille et combien celle-ci a été contagieuse. Le seul fait d'en parler la soulage.

En effet, la honte est un sentiment dont on ne peut se dégager qu'avec un tiers, car c'est un tiers qui a rendu honteux. Dans la plupart des cas, ce tiers qui a rendu honteux se voit démultiplié par un jeu générationnel subtil. Celui qui a eu honte fait porter sa honte à son enfant, le rendant lui-même susceptible à son tour de faire peser sur son propre enfant cette honte, ancienne de deux générations. Le thérapeute transgénérationnel est le tiers idéal capable de lever la honte, car il ne se limite pas à une écoute axée exclusivement sur le sujet lui-même mais élargie à plusieurs générations.

Dans la famille de Dominique, la thérapeute remarque que chacun cache quelque chose à l'autre, quelque chose dont il a honte. Et que dans cette famille, le point de contamination de la honte est la relation interdite de la grandmère. La honte dont souffre Dominique n'est pas exclusivement la sienne et ce travail de réattribution qui vient d'être fait la rend moins lourde. La thérapeute revient sur le mariage de Dominique. Tout s'est passé comme si son départ avait bousculé l'équilibre de cette famille et avait remis en question les places et les rôles de chacun. En s'éloignant, Dominique a comme ouvert une brèche sur le monde extérieur.

La famille peut être vue comme un système où chaque membre adhère à un ensemble de valeurs et de croyances, à un même mythe. Certaines familles s'opposent à la remise en cause de ce mythe familial car l'idée même du changement leur fait peur. On constate que ces familles, en quelque sorte immobiles, possèdent des frontières hermétiques avec le monde extérieur et que des règles familiales rigides y prédominent, avec obligations et interdits nombreux. D'autres familles, au contraire, réussissent à évoluer, à s'ajuster au fil du temps et des événements, grâce à des frontières souples avec le monde extérieur et des règles familiales modulables.

La thérapeute observe que la famille de Dominique se sent mise en danger toutes les fois où l'un de ses membres privilégie un objectif personnel au détriment de l'objectif commun. C'est ce qui s'est passé lorsque Dominique a décidé de vivre loin, à l'encontre de la volonté de cette famille qui est de vivre au plus près les uns des autres. Dominique a décidé d'être heureuse en dehors d'eux. En se mariant, elle a échappé à un milieu familial clos. Dominique s'étonne de la capacité d'enfermement de sa famille. Elle comprend qu'elle s'en est bien sortie, dans tous les sens du terme. Il lui a toujours paru évident qu'elle devait s'éloigner, mais elle n'aurait jamais pu dire pourquoi. Elle affirme que, chez elle, on a toujours défendu l'idée que pour vivre heureux, il fallait vivre caché. Tous ont souscrit à cette règle, même le père qui interdit qu'on lave le linge sale à l'extérieur.

La thérapeute suggère que leur linge sale consiste peut-être en ces conduites alcooliques inavouables et ressenties comme honteuses, celle de la mère, celles des sœurs, en résonance avec la faute non avouée de la grand-mère.

Dominique, en s'éloignant de sa famille, a créé un lien avec l'extérieur, elle pouvait parler, elle risquait de trahir. C'est peut-être pour cela que sa famille s'est resserrée plus fortement encore après son départ. Personne ne devait se mêler de leur problème de boisson. D'ailleurs, l'alcoolisme de Christine, véritable descente aux enfers perceptible aux yeux de tous, n'a pu être pris en charge que par hasard, lorsqu'un médecin l'a soignée pour une pneumonie. C'est à cette occasion que celui-ci s'est rendu compte de son problème.

La thérapeute demande à Dominique comment la famille a réagi à cette mise en lumière de ce que tous taisaient et comment les relations à l'intérieur de la famille s'en sont trouvées affectées.

Ces questions amorcent chez Dominique un travail d'objectivation et de compréhension de sa famille. Elle réfléchit aux rôles des uns et des autres, aux places rendues vacantes et aux enjeux relationnels, explicites et implicites. Elle se souvient de la réaction brutale de sa mère à l'égard de sa sœur Christine, suite à la mise en garde du médecin. « Si sa fille était malade, elle n'avait qu'à se soigner. » Son père, lui, s'est étonné de l'importance donnée à quelques verres de trop. Et il ne s'est pas montré plus curieux. Valérie, elle, n'a pas réagi. C'est comme si la famille tout entière voulait continuer à ignorer la conduite alcoolique de Christine. Comme si cette famille cherchait à mettre en échec la guérison de Christine, car juste après sa cure de désintoxication, ils lui proposaient encore du vin à table. Seule la grand-mère s'est préoccupée d'elle et a pris en charge tous les frais médicaux. De par son éloignement, elle n'a pas mesuré le drame qui se jouait pour sa sœur. Aujourd'hui, Christine et elle rattrapent le temps perdu et évoquent volontiers cette famille dont l'une reste encore en partie dépendante tandis que l'autre s'en est enfuie comme par instinct.

La thérapeute confirme que les deux sœurs s'opposent par leur positionnement dans la famille, à l'intérieur pour l'une et à l'extérieur pour l'autre, et qu'il serait peut-être riche, pour étayer le travail de Dominique, d'envisager une séance avec Christine. Cela semble-t-il acceptable pour Dominique ? A-t-elle le sentiment que sa sœur acceptera de l'aider ?

Le travail transgénérationnel envisage le patient non pas isolément mais comme indissociable de son milieu familial. C'est pourquoi il peut être pertinent d'étayer le travail du patient en conviant à une séance un ou plusieurs membres de la famille. L'intérêt réside alors dans l'observation, pour le thérapeute, des jeux relationnels entre eux. Cela permet également de recueillir différents points de vue sur un même événement et faire ainsi en sorte que chacun des membres de la famille ait l'occasion de se dire et d'entendre les autres. Cette confrontation peut également être utile pour lever une résistance ou permettre le partage de l'inavouable, afin de dégager la honte du patient.

Dominique pense que sa sœur viendra volontiers les rejoindre le temps d'une séance, et ce d'autant plus que celle-ci fait également un travail thérapeutique dans lequel le questionnement sur la famille est central.

La thérapeute explique à Dominique l'intérêt de cette rencontre un peu particulière. Christine livrera sa propre perception et sa compréhension de la famille, et ce qu'elle connaît des générations antérieures. Ce témoignage aidera sans doute Dominique à se rassurer, elle qui craint d'être contaminée, de boire, et que ses enfants ne boivent un jour à leur tour.

Au rendez-vous suivant, Dominique et Christine prennent place de part et d'autre de la thérapeute. Le silence est un peu gêné. Christine va devoir évoquer son alcoolisme. La thérapeute la remercie d'emblée d'être là car sa présence est précieuse pour sa sœur. Elle incite Christine à raconter la façon dont elle a vécu sa famille. Curieusement, dans une même fratrie, chacun raconte une histoire différente de la famille, comme s'ils n'avaient pas eu les mêmes parents. La grille de lecture de Christine peut donc nourrir le travail de Dominique en ouvrant de nouveaux points de vue et en autorisant une distanciation bénéfique, susceptible de déjouer ce que Dominique croit être une malédiction familiale.

91

Christine raconte que ses difficultés ont démarré à la puberté. Elle a mal supporté les transformations de son corps. Elle refusait sa féminité, dans cette famille où seul un garçon aurait peut-être emporté l'adhésion parentale. Elle avoue avoir consommé régulièrement du cannabis dès la quatrième et même inhalé des solvants domestiques.

Dominique essaie de se rappeler. À l'époque, elle ne se doutait de rien. Elle était beaucoup plus jeune que sa sœur et il n'y avait jamais eu d'histoires à ce sujet. Ni cris ni pleurs, aucune discussion familiale concernant un quelconque problème de drogue.

Christine ajoute que sa scolarité s'est rapidement essoufflée sans que personne ne s'en soucie. Dominique acquiesce : dans cette famille personne ne s'est jamais préoccupé de leurs résultats scolaires. Ni du reste, d'ailleurs, renchérit Christine. Quand elle a eu quatorze ans, pour faire de la place, les parents l'ont fait monter dans une chambre de bonne. Son opposition et ses larmes n'ont ému personne. Quant à sa sœur Valérie, elle a eu ce qu'elle voulait, la plus grande chambre pour elle toute seule, et elle ne s'est pas privée de le clamer haut et fort. Les deux aînées ont toujours eu des relations plutôt conflictuelles, mais à partir de ce jour-là elles ne se sont plus jamais parlé. Valérie s'est toujours considérée comme la seule digne d'intérêt dans cette famille et elle ne se préoccupait de personne. Ainsi, à sa manière, Valérie, elle aussi, s'est isolée. D'ailleurs, Christine et Dominique s'accordent à dire qu'elles ne savent rien de leur sœur.

Christine reprend avec émotion. Elle est arrivée péniblement jusqu'au bac, qu'elle a raté, et c'est à partir de là que sa vie a basculé. Elle a coupé les ponts avec tout le monde.

Ses parents n'ont pas vu sa détresse et ils ont accepté son échec scolaire comme un non-événement, comme une confirmation de sa non-existence. Elle a alors tenté de mettre fin à ses jours pour attirer désespérément l'attention sur elle. Elle a avalé tous les médicaments qui traînaient dans l'appartement. Sa tentative a été spectaculaire mais n'a pas pour autant alerté ses parents.

Christine est surprise par le visage bouleversé de sa sœur Dominique. Elle comprend que celle-ci n'était pas au courant. Les deux sœurs prennent conscience, au cours de cette séance, de l'isolement dans lequel chacune a été tenue.

La thérapeute demande à Christine comment sa dépendance à l'alcool s'est installée.

Christine répond que dans leur famille, il y a une véritable culture du vin. La cave a toujours été bien achalandée par le père, fin connaisseur, et à table tout le monde avait son mot à dire sur la bouteille ouverte. C'était le seul moment où la famille était bavarde. Curieusement, sa mère, elle aussi, faisait venir de bonnes bouteilles, mais sans jamais en parler à personne. Christine avait remarqué que sa mère s'enfermait souvent dans sa chambre et exigeait qu'on ne la dérange pas. Elle en ressortait bien plus tard, avec le regard vague et des paroles incompréhensibles. Christine confie qu'à l'époque, elle n'invitait jamais ses copains pour éviter les questions embarrassantes. Dominique n'a rien vu de tout cela mais elle confirme que, petite, elle trouvait effectivement étrange que sa mère descende souvent à la cave quand elle était seule avec elle.

Les deux sœurs s'aperçoivent ensemble qu'elles ont très tôt perçu, sans le comprendre vraiment, le jeu de cette mère qui elle aussi buvait. Dans un tel contexte, l'alcool s'est imposé à Christine comme un relais évident à ses conduites addictives précédentes et il lui a fallu bien du courage pour décrocher, dans cette famille où l'on boit.

Christine remarque que Valérie, qui habite encore chez leurs parents, à trente-trois ans, semble avoir pris sa place.

La thérapeute questionne Christine et Dominique sur leur sœur. Pourquoi vit-elle encore à la maison, elle qui semble avoir eu un statut privilégié au sein de cette famille ?

Christine explique que le parcours prometteur de Valérie, qui voulait devenir professeur de mathématiques, s'est arrêté lorsqu'elle s'est présentée au concours du CAPES. À partir de ce moment-là, elle a échoué, d'année en année. Finalement, elle a été aussi peu soutenue par leurs parents, mais pour des raisons différentes. Valérie avait une scolarité sans problème, pourquoi donc s'en préoccuper ? Ses échecs répétés et inattendus n'ont pas plus alerté leurs parents que sa tentative de suicide à elle. Peu à peu, Valérie s'est elle aussi coupée du monde, de ses amis. Elle n'a même plus cherché à donner de cours particuliers. Aujourd'hui, plus personne ne se fait d'illusion sur son avenir, et encore moins elle-même. C'est sans doute pour cela qu'elle s'est laissée aller à boire.

Dominique était déjà loin de sa famille quand tout ceci est arrivé. Elle n'a réalisé l'état de sa sœur qu'à l'occasion d'un passage éclair dans leur ville. Dominique a découvert Valérie terrée dans sa chambre, abattue, incapable de réagir, ni même de se lever pour l'embrasser. Ses propos étaient incohérents, incompréhensibles et son haleine empestait l'alcool. Sa mère n'a rien voulu lui répondre quand elle s'en est inquiétée auprès d'elle. « Sa sœur était d'humeur morose, voilà tout. Ça lui arrivait quelquefois. » Dominique a été très choquée par le spectacle pitoyable de sa sœur et la mauvaise foi de sa mère. C'est à partir de là que ses craintes à l'égard de l'alcool se sont développées et qu'elle a ressenti le besoin de consulter.

La thérapeute souligne que la conduite alcoolique de Christine peut être considérée comme le signe du dysfonctionnement familial, un véritable symptôme, et que, paradoxalement, c'est ce symptôme qui a permis de maintenir l'équilibre de la famille. Christine a donc été utile à sa famille, elle n'en a jamais été l'élément perturbateur. D'ailleurs, quand elle a enfin été prise en charge médicalement et psychologiquement, les membres de la famille ont tout tenté pour mettre en échec sa guérison. Car Christine concentrait et focalisait leur angoisse à tous. En arrêtant de boire, elle obligeait chacun à se remettre en question. Elle a longtemps été le réceptacle de l'angoisse familiale, comme sacrifiée à et par sa famille dont elle empêchait l'implosion, par sa conduite alcoolique.

Lorsque l'on aborde un groupe familial dysfonctionnel, il est fréquent de remarquer qu'un de ses membres concentre la pathologie de la famille tout entière. Pour la famille, ce n'est pas la famille qui est malade, c'est lui. Il est un « patient désigné », il est le symptôme d'une famille malade. Par son symptôme, il régule et maintient l'équilibre du groupe. D'ailleurs, s'il guérit, il y a de fortes chances pour qu'un autre membre de la famille prenne sa place et développe à son tour un symptôme, concentrant à nouveau la pathologie familiale.

La thérapeute dit que Christine a été le patient désigné de leur famille. Tout s'est passé comme si sa conduite alcoolique avait fait écran. Elle a masqué l'alcoolisme de la mère, l'absence du père, les désimplications parentales, les démissions, et probablement des choses plus enfouies encore. Dès le sevrage de Christine, Valérie a basculé à son tour dans une conduite alcoolique, comme pour prendre la relève. Ainsi, l'une puis l'autre, chacune à son tour, focalise la pathologie familiale. La fonction homéostatique, qui garantit l'équilibre de la famille, est ainsi assurée. Dominique est sortie du système familial depuis de nombreuses années, elle s'est mise à l'abri et échappe, de ce fait, au risque d'endosser le rôle de patient désigné. Christine, elle, s'en est délestée en amorçant une thérapie dans le cadre de sa désintoxication. Elle travaille d'ailleurs sur le dysfonctionnement de sa famille afin d'éviter une rechute et de réendosser son ancienne fonction. Christine et Dominique, aujourd'hui, semblent tirées d'affaire et elles témoignent, l'une et l'autre, d'une bonne distanciation par rapport à leur famille. Le nouveau lien qu'elles viennent d'établir entre elles deux permettra de consolider ce désenchevêtrement d'avec leur famille, et elles pourront à leur tour aider leur sœur Valérie à se désengager, elle aussi, de ce système familial pathogène.

Dominique a apprécié la séance avec Christine. Elle a été émue d'en apprendre autant sur sa sœur, son parcours, sa détresse, sa tentative de suicide. Elle réalise à quel point sa famille a été coupée du monde extérieur, à quel point ils vivaient tous en huis clos, dans l'isolement, incapables de reconnaître leur propre souffrance, et d'entendre la souffrance de l'autre. Chacun vivait muré dans un aveuglement de rigueur. Dominique comprend que la conduite alcoolique, parce qu'elle est honteuse, a enfermé cette famille dans le silence et interdit une parole déjà mise à l'index par le secret de la grand-mère.

La thérapeute ajoute que la conduite alcoolique dans cette famille est la partie émergée du dysfonctionnement familial, la seule visible.

L'approche transgénérationnelle invite le patient à explorer les jeux relationnels établis entre les divers membres de la famille. Il repère ainsi, avec le thérapeute, les rôles de chacun, les modes de transaction, les règles courantes, les croyances et tout ce qui peut fédérer une famille. Les générations antérieures sont évoquées pour mieux comprendre les écueils, les inachevés, les rendez-vous manqués et les modèles qui peuvent rendre compte du dysfonctionnement dans lequel est pris le patient. À l'origine d'une transmission pathogène, répétée au fil des générations, il n'est pas rare d'identifier un point de contamination. C'est à partir de ce point que se propage et s'étend le dysfonctionnement. Cette dissémination ne peut avoir lieu que dans un milieu familial propice, c'est-à-dire dans lequel le mode de communication est altéré, biaisé, les rôles parentaux défaillants, et le milieu extérieur boudé, ignoré. La famille est comme figée, enfermée dans un temps passé, nostalgique, incapable de s'ajuster au temps présent, et porteuse de craintes pour le temps à venir.

Grâce à son travail transgénérationnel, Dominique a enfin établi une juste distance avec sa famille d'origine. Ses peurs concernant un éventuel risque d'alcoolisme, pour elle et pour ses proches, ont été levées. Elle voit maintenant sa sœur Christine régulièrement et la prise en charge de celle-ci évolue favorablement. Christine a été embauchée chez un tapissier, elle apprivoise les liens avec le monde extérieur, elle se resocialise. Quant à Valérie, sous l'impulsion de ses sœurs, elle a entrepris un sevrage. Elle est suivie dans une consultation hospitalière qui accueille volontiers Dominique et Christine pour l'étayer dans son travail psychothérapeutique. Les parents, eux, refusent toujours de reconnaître et de soutenir les démarches de guérison de leurs filles. Christine et Valérie envisagent de les quitter bientôt et de prendre ensemble un appartement.

Dans cette famille enchevêtrée, tous se sentaient solidaires, étroitement liés les uns aux autres, comme enchaînés par la conduite alcoolique de l'une puis de l'autre des sœurs. Pourtant, paradoxalement, tous étaient isolés, coupés les uns des autres. Les trois sœurs ont déjoué, chacune à leur manière et à leur tour, les pièges de ce dysfonctionnement familial. Elles se tournent désormais vers un monde extérieur porteur de liens et de projets, garant de leur cicatrisation.

Prendre de la distance et non s'enfuir

Certains, lorsque leur famille est toxique, en arrivent à couper les liens, à s'enfuir. Ils éprouvent parfois le besoin de mettre des milliers de kilomètres entre eux et leur famille d'origine, pour ne plus souffrir. Mais la plupart du temps, ils sont rattrapés dans leurs choix de vie, leurs rencontres, ou même dans leur intériorité, leurs craintes, leurs angoisses et leurs questionnements. Ils rejouent à leur insu, et souvent au moment où ils s'y attendent le moins, des scènes, ou des morceaux de scènes, qui font étroitement référence à ce qu'ils ont cherché à éviter à tout prix. Si cette fuite loin de la famille est souvent un compromis souhaitable, voire vital, elle n'est jamais la solution véritable. Seul un travail de compréhension et de décryptage de la dynamique familiale pourra affranchir l'individu de sa famille et lui permettre des choix strictement personnels. Et ce quand bien même sa famille resterait dans une relative proximité.

Au cours d'un travail transgénérationnel, il peut être demandé au patient d'accepter une trêve thérapeutique. Il s'agit de suspendre momentanément les échanges avec un ou plusieurs membres de sa famille, le temps d'assainir la ou les relations sur un plan thérapeutique. Ultérieurement, ces échanges pourront être réengagés sur un mode non toxique pour le patient, car ils ne seront plus subis. Il subsiste des cas où la toxicité est telle que la relation patient-famille restera suspendue à jamais.

La peur du changement

Le changement fait peur, il est source d'angoisse. Lâcher quelque chose que l'on connaît, qui est familier, une manière d'être, une manière de vivre, une manière d'exister, pour aller vers l'inconnu, est toujours source de crainte, d'appréhension, de résistance. Seule l'extrême souffrance, l'urgence, peut amener l'individu à envisager et à accepter le changement comme ultime solution.

Lorsque l'individu est décidé à engager une démarche psychothérapeutique, toutes ces craintes sont à leur paroxysme. Elles sont démultipliées quand cette personne est en couple. La relation va-t-elle s'en trouver bouleversée ? Souvent le partenaire le redoute et sa résistance vient ajouter à la difficulté de la démarche. Parfois, c'est toute une famille, voire l'entourage amical, qui s'en mêle. Surtout lorsqu'il s'agit d'un changement que cet entourage redoute et refuse pour lui-même. Il pourrait s'agir, par exemple, d'un patient qui se débat dans des difficultés de couple et qui risque, en engageant une démarche psychothérapeutique, de remettre en cause le modèle de couple prégnant dans sa famille ou dans son groupe amical. Les craintes des proches font alors écho aux craintes du patient qui en arrive parfois à choisir de taire sa démarche thérapeutique. Ironie du sort, ce patient qui n'ose dire qu'il consulte pour ne pas effrayer son entourage ou provoquer ses critiques se voit souvent félicité de son changement.

Quand la famille s'en mêle

Il est parfois nécessaire de mêler la famille à une démarche transgénérationnelle. Le plus souvent, il s'agit d'étayer le travail du patient en conviant, lors d'une séance de travail, un ou plusieurs membres de la famille. Seuls seront conviés ceux qui sont susceptibles de s'engager au côté du patient. L'engagement peut aller jusqu'à prendre parti pour le patient contre le reste de la famille.

À l'aide de ce qui se sera dit et de ce qui aura été échangé au cours de ces séances, le travail sera fluidifié et accéléré. Dans des cas plus dramatiques, voire traumatiques, ce rendez-vous à plusieurs permettra de lever la honte, de sortir le patient de son isolement, de le désengager durablement des séquelles du trauma. Cette expérience de partage amènera le patient à tisser dans la confiance des liens nouveaux qui lui donneront le sentiment d'une protection inaltérable. C'est particulièrement efficace dans le cas de violences intrafamiliales, lorsqu'il est possible de construire autour du patient une protection avec la partie saine de sa famille.

4

Laure ou le sentiment d'imposture

L'interphone a juste le temps de chuchoter l'étage que Laure est déjà là. La thérapeute lui tend la main, ni vraiment accueillante ni vraiment distante. D'un bref mouvement de tête, elle lui indique la pièce où se tenir. En s'excusant presque de passer devant elle, Laure s'installe dans un fauteuil qui n'est autre que celui de la thérapeute. Cette dernière lui signale sa méprise. En s'excusant, cette fois-ci à dessein, d'avoir volé la place, Laure se relève et ne sait plus très bien. Elle hésite entre l'autre fauteuil et le canapé. La thérapeute sourit. Là où elle se sentira le mieux, cela fera l'affaire.

Laure expose d'emblée ce pour quoi elle est là. Elle connaît Caroline depuis ses années de collège et elle n'en revient pas que les choses aient tourné ainsi. Leur relation a véritablement implosé et, à dire vrai, ce n'est pas la première fois que cela lui arrive : ses relations amicales sont compliquées. Elle collectionne les malentendus, les prises de bec et les fins de non-recevoir, et ces ruptures en cascade la fragilisent, l'éprouvent. Elle a beau sentir, voir venir l'impasse, elle ne réussit jamais à en interrompre le processus.

Cette fois, il s'agit de sa plus vieille amie. Elle sent bien

103

que derrière tout cela, il se cache quelque chose de très ancien, qui n'appartient qu'à elle. C'est peut-être un passé lointain, archaïque, qui s'exprime dans chacun de ces clashs. Laure a déjà consulté, pour la mort de son père, pour son problème de manque de confiance, sa difficulté à s'affirmer, pour ce curieux sentiment, aussi, d'être une usurpatrice. Elle a déjà fait un travail personnel, plusieurs étapes, plusieurs approches, mais elle sent bien que tout n'est pas réglé. Elle a la désagréable impression de ne pas s'en sortir, d'être sans cesse rattrapée par le passé.

Il arrive que le patient se plaigne d'avoir des attitudes, des comportements, ou même de rencontrer des situations qui lui semblent se répéter à l'identique, sans qu'il puisse rien y changer. Il consulte parce qu'il souhaite en sortir et que toutes les stratégies qu'il a mises en œuvre jusque-là ont échoué.

Laure est dans des embrouilles permanentes avec ses amies, elle a du mal à comprendre. En cas de conflit, elle tape dans le tas ou elle s'enfuit. Elle n'est jamais dans la juste distance. Ses relations sont souvent passionnelles, jamais tièdes, jamais indifférentes. Elle n'en sort pas. Et aujourd'hui cela lui pèse. Elle a lu *La Psychogénéalogie expliquée à tous*[1], qui recommande la prise en compte de l'histoire familiale pour résoudre des problématiques récurrentes, résistantes. Cette idée d'une démarche transgénérationnelle lui ouvre des horizons nouveaux. Pourtant, jusque-là, elle ne s'était jamais intéressée à sa famille. Cette lecture a résonné en elle étrangement, comme si quelque chose de très enfoui avait été effleuré, quelque chose de familier et en

---

1. Des mêmes auteurs, paru chez Eyrolles en 2007.

même temps inconnu d'elle. Et le pourquoi exact de sa venue ici, c'est ce dernier règlement de comptes, violent, avec sa meilleure amie. Dans ce livre qu'elle vient de lire, il lui semble qu'il existe une manière nouvelle d'aborder les difficultés, qui pourrait bien s'appliquer à elle.

La thérapeute demande à Laure de lui en dire davantage sur ces fameuses embrouilles : s'agit-il toujours d'amies femmes ? Comment cela se passe-t-il ?

Laure réfléchit tout haut. Elle a plutôt tendance à plaire, elle aime séduire. Quand elle rencontre quelqu'un, et que la personne l'attire, elle décide que cette personne deviendra son amie. Pour qu'elle l'attire, il faut que celle-ci se démarque, par son discours, son analyse ou son intelligence. À partir de ce moment-là, Laure n'a de cesse d'accrocher son regard, son attention. Si l'autre l'apprécie, c'est qu'elle vaut quelque chose. En s'écoutant parler ainsi, Laure repense à une des petites phrases de sa mère : « Dans la famille de ton père, ils réussissent tout et ils n'aiment que les gens brillants. » Sa mère se plaignait souvent de sa belle-famille qui ne s'intéressait ni à elle ni à ses enfants.

La thérapeute saisit la balle au bond. D'une certaine manière, la mère de Laure, par cette phrase apparemment anodine, a fait comprendre à ses enfants qu'ils n'étaient ni brillants ni dignes d'intérêt. Et qu'en est-il de la famille de la mère de Laure ? Ils ne sont pas brillants ?

« Au contraire, ils ont du cœur. » Laure est frappée de ce qu'elle s'entend dire. Elle se rend compte qu'elle a opposé, tout naturellement, être intelligent et avoir du cœur. Qu'elle a, sans réfléchir, comme récité une leçon bien apprise. Elle s'étonne de ne jamais avoir repéré plus tôt cette affirmation distordue héritée de sa mère. Elle enchaîne. Être brillant, c'est ne pas avoir de cœur. Avoir du cœur, c'est ne pas être brillant. Effectivement, si la famille de son père ne s'intéresse qu'aux gens brillants, et que cette famille ne s'intéresse ni à sa mère, ni à sa sœur, ni à elle, c'est qu'ils ne sont pas brillants. De là à penser qu'elle n'a rien dans la tête... Elle suppose que le sentiment de n'avoir aucune valeur, qu'elle ressent et ressasse depuis toujours, lui vient tout droit de ces petites phrases assassines. C'est comme si elle se sentait toujours inférieure, pas à la hauteur, comme si elle se sentait ridicule par rapport aux autres, parés, eux, de toutes les qualités.

D'ailleurs, avec son amie Caroline, elle a souvent souffert de ne pas se sentir écoutée lorsqu'elle parlait. Elle en déduisait que sa conversation était sans intérêt, fade. Elle se sentait blessée, de façon disproportionnée, au-delà de l'enjeu de la discussion. Ce sentiment douloureux lui est familier depuis son plus jeune âge.

Lors d'une thérapie, le patient raconte volontiers comment certaines situations actuelles le replacent dans des situations familières, qui lui semblent très anciennes. C'est au thérapeute de lui permettre de jongler le plus souplement possible entre situations actuelles et situations passées pour qu'il se libère vraiment des traumatismes anciens. Revisiter le passé est le passage obligé de toute thérapie.

La thérapeute intervient : dans ses relations amicales, Laure n'a-t-elle pas tendance, d'emblée, à projeter l'autre dans une position haute, supérieure ? Laure en convient volontiers. L'autre est nécessairement plus brillant qu'elle. Elle ne voudrait surtout pas prendre une place qui ne lui revient pas, elle préfère rester en retrait, en position basse.

La thérapeute l'interrompt : ne s'est-elle pas un peu trop excusée lorsqu'elle est entrée tout à l'heure dans la pièce ? Ne fait-elle pas trop souvent profil bas ? Elle ajoute que toute relation, en dehors de la relation parent-enfant, se doit d'être construite sur un mode de respect réciproque, où les deux sujets se font face dans des positions qui peuvent être différentes mais de même valeur.

Il n'est pas rare, comme dans le cas de Laure, que les patients vivent leurs relations, qu'elles soient amicales, amoureuses ou même professionnelles, sur le mode de la relation parent-enfant. Il incombe au thérapeute de faire comprendre à son patient que cette posture particulière ne peut aboutir qu'à des relations déséquilibrées et insatisfaisantes. En effet, il existe une certaine éthique des relations. Bien sûr, au cours d'une relation thérapeutique, le patient peut être amené à transférer sur son thérapeute, qu'il considère alors comme son parent, des sentiments d'enfant. Cette reviviscence de la relation parent-enfant est un temps incontournable de la thérapie, qui permet la réactualisation de souvenirs et de sentiments enfouis pour mieux s'en affranchir. Mais là encore l'éthique relationnelle jouera. Le thérapeute ne doit, en aucun cas, profiter de cette place momentanée que le patient lui donne pour prendre le pouvoir. C'est le patient qui est détenteur du problème. Il est donc seul détenteur de la solution. Le thérapeute se doit de le lui révéler et de le confirmer dans sa compétence. L'un ne peut pas faire sans l'autre, le travail thérapeutique s'inscrit dans un échange équitable.

La thérapeute revient sur les relations amicales de Laure. Elles semblent se nouer sur un mode séductionreconnaissance, mais à partir de quel moment dérapent-elles ?

Laure répond que, mis à part Caroline, ses amitiés ne durent jamais longtemps. Une fois que l'autre la regarde, preuve en quelque sorte de sa valeur, elle se détache. C'est comme si l'autre perdait de son intérêt. Elle ne sait pas très bien pourquoi elle se comporte ainsi. Est-ce qu'un travail transgénérationnel serait indiqué dans son cas ? Est-ce envisageable ?

La thérapeute fait remarquer à Laure que sa demande est d'autant plus pertinente que celle-ci concerne sa façon d'entrer en relation avec les autres. Or les problématiques relationnelles sont au cœur de toute démarche transgénérationnelle. De plus, Laure associe déjà les faits, les sentiments et les émotions avec aisance. Ce qui a été acquis à travers ses anciennes thérapies constituera un appui solide pour asseoir cette nouvelle démarche.

Il n'est pas rare qu'une psychothérapie transgénérationnelle fasse suite à une psychothérapie classique ou à une psychanalyse. Ces approches ne sont pas antinomiques, elles se complètent et se nourrissent les unes les autres.

À la séance suivante, Laure trace un génogramme clair et précis de sa famille. À l'image d'un organigramme d'entreprise. Ses premiers coups de crayon la font figurer elle et sa sœur aînée, Julie. Son père est mort alors qu'elle n'était pas encore née mais déjà dans le ventre de sa mère. Son grand-père paternel est vivant mais sa grand-mère paternelle, elle, est morte en couches. Le bébé a survécu, c'était un troisième garçon, le père de Laure. Son grand-père s'est alors remarié, avec une femme qui a élevé exemplairement les trois enfants. Elle vit encore et Laure la considère comme sa grand-mère, puisqu'elle n'a connu qu'elle. Elle s'est souvent demandé si ce deuxième mariage n'était pas resté blanc, puisqu'ils n'ont jamais eu d'enfant ensemble. Du côté de sa mère, ses grands-parents sont vivants eux aussi. Laure se rend compte qu'elle a beaucoup de chance, à trente-cinq ans, d'avoir encore ses quatre grands-parents. C'est vrai qu'elle ne voit pas souvent ses grands-parents paternels, mais ses grands-parents maternels, quoique âgés, sont très présents. Ils font table ouverte le dimanche et, chez eux, c'est toujours chaleureux. Laure s'y rend volontiers avec son mari. Elle y retrouve sa mère, son oncle, parfois Julie. Son oncle, le frère de sa mère, ne s'est jamais marié.

La thérapeute demande dans quelles circonstances le père de Laure est mort.

Laure raconte ce qu'elle sait. Son père était un grand sportif. Il avait l'habitude de partir à la pêche au gros, tous les ans à la même époque, avec sa bande d'amis. Il partait loin. Il n'est pas revenu de son dernier voyage. Le bateau a disparu. Sans doute un naufrage. Aucune nouvelle, aucune explication. À l'époque, sa mère était enceinte d'elle. Elle a accouché trois mois plus tard. Cette grossesse, triste, est peut-être à mettre en rapport avec la distance que Laure a toujours perçue entre elle et sa mère. À l'inverse, sa mère a beaucoup protégé sa sœur, de santé fragile. Aujourd'hui encore, il existe un lien exceptionnel entre elles. Julie a presque quarante ans et pourtant elles habitent ensemble et l'une comme l'autre semblent se satisfaire de cette situation.

La thérapeute fait remarquer à Laure qu'elle raconte sur un ton monocorde, sans émotion apparente.

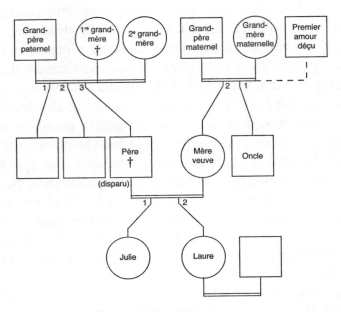

Génogramme de Laure

Sans se laisser distraire, Laure poursuit. Le seul moment où elle a eu conscience que son père lui avait manqué, c'était le jour de son mariage. Ce jour-là, elle a ressenti quelque chose d'inhabituel, comme un chagrin familier qui n'avait jamais pu sortir.

La thérapeute renchérit. Il se pourrait que ce chagrin ait été enfoui en elle depuis la disparition de son père. Et qu'un événement clé comme le mariage, où la présence du père au bras de sa fille est habituelle, ait été particulièrement propice à cet état émotionnel. La thérapeute interroge Laure : sa mère est-elle restée longtemps inscrite dans le chagrin ?

Spontanément, Laure affirme que sa mère n'en est jamais sortie. Elle ne pensait qu'à son mari mais n'acceptait jamais que l'on parle de lui. Enfant, quand Laure la questionnait sur son père, pour savoir qui il était, sa mère se mettait à pleurer. Julie, sa sœur, lui répétait alors qu'elle n'avait pas de cœur. Comment pouvait-elle insister si lourdement alors qu'elle voyait bien que leur mère se mourait de chagrin ? Laure ajoute qu'effectivement, toute petite, elle s'étonnait de ne rien ressentir. Elle n'avait pas de père, elle aurait dû être triste, elle ne l'était jamais. D'ailleurs, sa mère lui faisait souvent remarquer qu'elle était dure, insensible. Pas comme sa sœur, qu'un rien bousculait et qu'il fallait protéger en toutes circonstances. Elle s'enfermait souvent dans la salle de bains et s'obligeait à pleurer devant la glace, pour vérifier qu'elle avait bien des larmes et qu'elle pouvait être triste. Car, si elle pouvait être triste, c'est qu'elle avait du cœur, qu'elle était sensible. Pourquoi alors sa sœur et sa mère lui faisaient-elles le reproche d'être dure, de ne rien ressentir ?

La thérapeute suggère que si Laure a contenu ainsi sa tristesse, c'était peut-être pour protéger sa mère, sans le savoir. Pour éviter de la faire pleurer encore. Sa mère a-t-elle jamais envisagé un remariage ?

Laure pense que non. Sa mère a préféré cultiver le souvenir d'un mari idéal. Elle leur répétait qu'il valait mieux un père mort mais extraordinaire plutôt qu'un père vivant mais médiocre. Elle ajoutait que c'était toujours les meilleurs qui s'en allaient les premiers. Laure se souvient avec amusement que lorsqu'elle croisait, enfant, de vieilles personnes dans la rue, elle se disait qu'elles devaient être bien ordinaires pour être encore en vie.

La thérapeute insiste : si pour la mère de Laure, être mort c'est la garantie d'être exceptionnel, vaut-il mieux être vivant ou mort ?

Laure rétorque que son adolescence a été difficile, tapageuse, contrairement à celle de sa sœur qui, elle, s'est déroulée sans bruit. Elle comprend que, d'une certaine manière, elle a sans doute préféré être médiocre mais bien vivante. Elle entrevoit autrement ses mouvements de révolte et ses prises de risque. Son père avait été un homme exceptionnel, mais il était mort. Elle serait sans doute moins exceptionnelle, mais au moins elle resterait en vie. Curieusement, ce père qu'elle n'avait jamais connu ne cessait d'être un référent. À toute occasion, il faisait intrusion. Ce père dont il ne fallait jamais parler était paradoxalement toujours parlé. Ainsi, quand elle s'est mariée, sa mère avait osé lui dire : « Ton père était d'une autre trempe, ton mari ne vaut pas grand-chose. » Laure ne s'en était même pas offusquée. Il était impossible de détrôner le père, elle l'avait bien compris. Sa sœur, elle, avait choisi d'entretenir cette image de père mythique. Elle est encore célibataire aujourd'hui.

Au rendez-vous suivant, la thérapeute demande à Laure comment se passaient les journées lorsqu'elle était petite. S'entendait-elle avec sa sœur ? Sa mère recevait-elle souvent ?

Laure se souvient que sa mère n'invitait jamais personne. La semaine était ritualisée, immuable. Pour elle et Julie, les journées défilaient, sans surprise. École, cantine, étude. Le soir, leur mère rentrait du travail. Elle arrivait dans les cris, les règlements de comptes ; les disputes allaient bon train. Le dimanche, elles allaient toutes les trois déjeuner chez les grands-parents maternels. Quant à la famille de son père, elle lui avait tourné le dos.

La thérapeute relève et questionne : qui a tourné le dos à qui ? La mère à la famille du père ou la famille du père à la mère ? La thérapeute insiste : quel était l'objet de la brouille ?

Laure réfléchit. Elle hésite. Après un long silence, elle émet l'idée que, peut-être, le différend portait sur la mort de son père. Celle-ci n'a pas été envisagée par tous de la même manière. Pour ses grands-parents paternels, qu'elle revoit plus volontiers maintenant qu'elle est mariée, son père est bel et bien mort. Pour sa mère, le doute a toujours subsisté : « On n'a jamais eu la preuve de la mort de votre père, l'épave du bateau n'a jamais été retrouvée. » Cette phrase maintes et maintes fois répétée a emballé l'imaginaire de Laure, à l'époque. Peut-être que le bateau s'était échoué sur une île déserte et que son père était vivant ? Peut-être avait-il perdu la mémoire ? Peut-être allait-il resurgir dans leur vie ? Laure réalise que la mort de son père, parce qu'elle n'a jamais été mise en mots par sa mère, a comme suspendu le temps. Pour sa mère, la vie s'est arrêtée avec le non-retour du père. Sa mère s'est emmurée hors du temps, hors de la réalité. Elle a entraîné ses filles avec elle, elle les a comme prises en otages dans son refus de deuil. Mais si Julie s'est laissée engloutir, elle a toujours lutté pour s'en échapper. Ses mouvements de révolte à l'adolescence, pour quitter cette cellule mortifère, ont toujours été sanctionnés aussi bien par sa sœur que par sa mère. Sa sœur l'agressait et l'accusait de tous les maux. Sa mère pleurait : « Si ton père était là, ça ne se passerait pas comme ça. »

La thérapeute souligne que la sœur comme la mère se sont accordées pour maintenir un équilibre familial illusoire. Celui-ci passait par le souvenir et l'attente d'un père qui ne pouvait que revenir. Laure était un pilier indispensable à cet équilibre précaire. Il ne fallait pas qu'elle s'en aille. Si elle sortait du système familial, elle allait forcément se confronter à la réalité, à d'autres points de vue, et verrait autrement la disparition du père. Elle s'autoriserait alors peut-être à le considérer comme mort. Elle risquait en quelque sorte de tuer son père. Mais surtout de foudroyer sa mère et sa sœur en faisant imploser un équilibre qui reposait sur la croyance de la survivance du père.

La famille est un système qui tend à maintenir son équilibre, sa cohérence grâce à un certain nombre de règles, de croyances, et d'interdits. Il est des systèmes familiaux rigides, tel celui de Laure, où les relations sont comme figées dans le temps, cristallisées. Les expériences et les informations nouvelles sont alors considérées par le groupe familial comme menaçantes pour son équilibre. Par conséquent, toute échappée hors du système d'un des membres est proscrite et empêchée par les autres membres, car elle risquerait de mettre en péril l'idéal et l'identité mythique du groupe familial.

Laure se souvient que chaque fois qu'elle s'éloignait, qu'elle nouait des liens avec le monde extérieur, amies, amours, ou même avec la famille de son père, sa mère employait tous les stratagèmes pour la faire revenir. Elle usait d'un véritable chantage affectif en faisant peser lourd sa solitude. Elle lui disait combien elle serait mieux inspirée de s'occuper de sa famille à elle, sa mère et sa sœur, plutôt que de perdre son temps avec des gens qui avaient soi-disant besoin d'elle.

La thérapeute confirme que la survie de Laure s'est effectivement gagnée grâce à la volonté d'échapper à ce huis clos, en se reliant à l'extérieur, dans ses relations amicales ou amoureuses. Au sujet du différend entre sa mère et sa belle-famille, la thérapeute appuie l'hypothèse de Laure. C'est sans doute sa mère qui l'a entretenu pour mieux mettre à distance cette famille qui aurait pu injecter de la réalité dans leur huis clos et les sortir de leur rêve d'un mari ou d'un père qui allait revenir d'un instant à l'autre. La mère de Laure a vécu un véritable traumatisme. Cette mort violente, sans sépulture, l'a enfermée dans un deuil infini. Pour elle, ce mort est bien vivant. S'il a été absent physiquement, il est resté omniprésent dans sa psyché et elle a su le rendre comme tel auprès de ses filles.

Un événement, traumatisme ou deuil, qui n'a pu être dépassé, élaboré, s'inscrit dans le psychisme de celui qui l'a vécu sous forme d'une crypte. C'est comme s'il y avait dans le psychisme de la personne une coexistence de deux entités qui s'ignorent l'une l'autre. L'une, la crypte, conserve ce mort, bien vivant, au temps passé, tandis que l'autre s'adapte à la réalité, au temps présent. Passé et présent coexistent. Il n'y a plus la fluidité du temps qui s'écoule. Fluidité qui aurait permis de dépasser le trauma.

Laure attendait de sa mère un regard que celle-ci ne pouvait lui donner. Sa mère était tantôt noyée dans le passé, au plus près de son mari disparu, tantôt absorbée par sa fille

115

fragile, Julie. Laure se rappelle que sa mère lui disait : « Je ne m'inquiète pas pour toi, tu te débrouilleras toujours. » Laure, l'insensible, n'avait besoin de personne. Pourtant, elle se sentait exclue de ce lien que sa mère entretenait tantôt avec le père, tantôt avec la sœur.

La thérapeute ajoute que, paradoxalement, quand la mère croit protéger l'une, Julie, de fait elle l'étouffe, elle la tue symboliquement ; et qu'en rejetant d'une certaine façon l'autre, Laure – « tu te débrouilleras toujours » –, elle lui donne les moyens de s'affranchir, elle lui donne la vie. C'est comme si avec ce mari, à la fois vivant et mort, elle avait engendré une fille morte, Julie, et une fille vivante, Laure.

Laure abonde dans le sens de la thérapeute. Sa sœur a toujours été pessimiste, sombre, sans projets. En plus, elle porte le prénom de leur vraie grand-mère paternelle, celle qui a eu un si triste destin.

Quelques semaines plus tard, Laure revient avec de nouvelles questions. Elle a tourné et retourné tout cela dans sa tête. Sa rupture avec son amie Caroline, ses autres disputes, il lui semble que c'est toujours la même histoire. Tout se joue et se rejoue de la même manière. Finalement, elle est à la recherche de quasi-mères. Toutes celles qui ont été ses amies l'ont regardée, admirée, se sont souciées d'elle, ont reconnu ses qualités. En échange de quoi elle leur devait l'exclusivité de façon inconditionnelle. Chaque fois qu'elle ne s'est pas engagée de la sorte, ou qu'elle s'est désengagée, elle a déclenché des récriminations, des reproches ou des pleurs.

Après un long silence, la thérapeute relève qu'il s'agit bien là de tout le registre plaintif de la mère de Laure.

Laure sait que la thérapeute a raison. Ses amitiés la renvoient à un fonctionnement bien connu d'elle, sa relation à sa mère. Elle établit des relations passionnées, intenses. Jusqu'à ce qu'elle ne les supporte plus. Alors elle se détourne, parfois sans aucune explication.

La thérapeute renchérit. Plus elle imaginait s'échapper, s'éloigner de sa mère par le biais de ses relations amicales, plus Laure y faisait face.

Laure est perplexe. Elle entend sa part de responsabilité dans ce jeu relationnel répété mais, en même temps, elle a le sentiment d'avoir souvent été happée malgré elle. Elle raconte comment certaines de ses amies l'ont choisie, se sont entichées d'elle. Elle n'a alors pas eu de choix. C'est comme si elle avait subi, comme si elle avait été prise au piège.

La thérapeute reprend : sa mère ne l'a-t-elle jamais contrainte de cette même façon ?

Après un long silence, Laure pleure les larmes interdites de son enfance.

La thérapeute la sollicite doucement : pour qui pleure-t-elle ?

Laure découvre que cet immense chagrin a peu à voir avec son père. Certes, elle peut en vouloir à ce père qui, à cause de son absence, ne l'a pas accompagnée, protégée de sa mère. Mais maintenant qu'elle y réfléchit, ce n'est pas lui qui l'a abandonnée, c'est bien sa mère. Elle réalise que ce père disparu a masqué l'absence bien réelle de sa mère, pourtant présente au quotidien. Et c'est cette

117

absence soudain éclatante de sa mère qui vient de provoquer ce flot de larmes.

La position mère-enfant est par définition une position très fusionnelle. L'enfant doit s'en affranchir pour devenir un individu, acquérir une identité à part entière. Seul le père, ou un substitut du père, permet et autorise cet affranchissement.

Laure pleure sur cette enfant qui a été tour à tour aspirée et repoussée, enfermée dans le paradoxe « reste, va-t'en », et enlisée dans une solitude aliénante. C'est pour cela qu'elle s'est jetée à corps perdu dans ces amitiés à travers lesquelles elle espérait enfin atteindre l'amour de sa mère. Cette quête déraisonnable, rejouée aveuglément encore et encore, n'avait d'autre issue que l'échec. En effet, l'autre en face de Laure n'est pas une mère, mais quelqu'un qui use du pouvoir de la mère pour assujettir. Laure est une proie facile car son histoire la rend reconnaissable à l'autre, consciemment ou inconsciemment. Mais Laure est aussi capable de faire volte-face et de se dégager de ses relations amicales, en retournant la violence qui lui a été faite.

La thérapeute lui demande si cette violence n'est pas mal adressée, déplacée. Laure ne séduirait-elle ses amies que pour mieux se donner l'occasion de se mettre en colère, colère qu'elle n'a jamais été capable d'exprimer à l'encontre de sa mère ? D'une certaine façon, dans ses relations amicales, ne réactive-t-elle pas, à son insu, le piège mère-fille ?

Laure reconnaît que depuis quelque temps, elle repère parmi ses nouvelles amies celles qui seront susceptibles d'endosser le rôle de mère. Elle ajoute qu'elle a effectivement le curieux sentiment de provoquer ces rencontres-là. Elle est perplexe, silencieuse.

La thérapeute lui suggère qu'elle n'a jamais osé, jusqu'à ce jour, se mettre en colère contre sa mère et que ses relations amicales bancales sont l'occasion pour elle de régler ses comptes par personne interposée. Se mettre en colère contre sa mère aurait révélé l'insuffisance de celle-ci, son incapacité à l'aimer. Et cette mise en lumière brutale, pour Laure déjà orpheline de père, l'aurait mise face à une solitude insoutenable.

Au cours d'une thérapie, le patient s'autorise difficilement à avouer un sentiment de colère à l'égard de son parent. Il ne se donne pas le droit de le remettre en question, ni a fortiori celui de le juger. Il doit comprendre que la colère qu'il peut évoquer et partager avec son thérapeute appartient au temps passé. Cette colère a été légitime à l'époque où il était enfant, mais il ne se l'est pas autorisée pour ne pas aller contre son parent, le fragiliser ou le décevoir. Laure a effectivement contenu sa colère, sa rage d'enfant vis-à-vis de sa mère pour ne pas la fragiliser davantage, elle qui souffrait déjà tant. Plus tard, elle a déplacé cette colère dans ses relations amicales. Ce déplacement n'a rien résolu. En effet, seule la reconnaissance du mal qui a été fait à l'enfant, son expertise par un tiers, permettra d'évacuer véritablement la colère. Le plus souvent l'enfant ne peut qualifier le mal qui lui a été fait. Il s'en tient pour l'unique responsable. Et même devenu adulte, il préfère rester celui qui a mal fait. C'est donc au thérapeute de jouer ce rôle d'expert, de reconnaître, de certifier la souffrance vécue, le mal infligé.

La thérapeute explique à Laure qu'elle a le choix de

s'enfermer à nouveau dans des relations biaisées, dissymétriques. Mais elle a le choix également de s'en libérer et de nouer des relations authentiques, symétriques. Elle doit pour cela faire le deuil du passé, accepter la réalité – le mal a été fait – et s'inscrire dorénavant dans le présent.

Laure a beaucoup repensé aux propos de la thérapeute. Elle a l'impression d'avoir progressé et elle aborde cette nouvelle séance plus sereinement.

La thérapeute lui propose de revenir sur ses relations avec sa sœur. N'y avait-il pas une forte rivalité entre les sœurs ?

Laure réagit vivement. « Les sœurs », elle ne supporte plus cette façon de parler. Toute son enfance, sa mère, son oncle et même ses grands-parents les ont toujours appelées « les sœurs ». Il leur était impossible, à Julie et à elle, d'exister l'une sans l'autre. C'était : « Les sœurs n'ont pas été gentilles avec leur mère », « Les sœurs sont désobéissantes »... Il ne devait pas y avoir, du moins en apparence, de différence entre elles deux. Cela a même été, selon Laure, jusqu'à lui faire redoubler son CM1, alors qu'elle était excellente élève, pour ne pas blesser Julie qui, elle, avait de réelles difficultés scolaires et ne pouvait envisager un passage en sixième. Une fois de plus, elles étaient logées à la même enseigne : « Cette année-là, les sœurs ont redoublé. » Dans la réalité, Julie était traitée complètement différemment, elle avait toujours gain de cause. Et le comble, c'est qu'elle a toujours été jalouse. Aujourd'hui, Julie est devenue carrément agressive. Elles ne se parlent plus.

La thérapeute déclare que Laure a bien de la chance. Laure est interloquée. La thérapeute s'explique. D'une certaine manière, Julie est restée enlisée dans la dyade mère-fille. Elle est célibataire, elle vit avec sa mère, elle est prisonnière. Il est normal qu'elle en veuille à Laure, qui n'est pas prisonnière, qui vit avec un homme, qui est mariée. Laure est beaucoup mieux lotie que sa sœur. La jalousie de Julie est bien justifiée.

Laure renchérit presque avec violence. Julie l'a accusée d'avoir voulu prendre sa place, l'évincer. Et en même temps elle lui a reproché de s'être éloignée, d'avoir pris le large, en fait de vivre.

La thérapeute acquiesce. Certes, Laure a enduré un double abandon parental lourd. Les injonctions paradoxales de Julie – « pousse-toi, reviens » – font écho à celles de sa mère – « tu n'as pas besoin de nous, tu ferais bien de t'occuper de nous ». Elles ont meurtri Laure mais ce sont ces mêmes injonctions paradoxales qui lui ont permis de se détourner d'un système familial qui lui paraissait incompréhensible, dangereux. Un système dysfonctionnant qu'il serait judicieux d'explorer, à la lumière des modèles familiaux plus anciens.

Au rendez-vous suivant, Laure fait part de ses réflexions à la thérapeute. Après toutes ces séances, elle a eu besoin d'interroger son oncle sur ses grands-parents maternels. Elle a été surprise d'apprendre que sa grand-mère avait été très amoureuse d'un homme qui n'avait jamais voulu d'elle. Et aussi qu'elle avait été mariée contre son gré. C'est curieux, mais le regard bleu transparent, absent, de sa grand-mère a toujours soufflé à Laure qu'il y avait quelque chose. Sans qu'elle ne puisse jamais l'expliciter. Comme si celle-ci cherchait à s'évader. Elle regardait loin, et elle ne s'intéressait nullement à son mari, pourtant follement amoureux d'elle. Les révélations de l'oncle ont mis en mots ce que Laure a toujours pressenti. Elle a aussitôt associé le regard de sa grand-mère à celui de sa mère. Un regard qui échappe et s'échappe. Sa mère, aussi, regarde loin. Elle aime un homme absent, et là encore il s'agit d'un amour déçu. Amour déçu qu'elle partage avec sa fille Julie, qui n'a pas pu oublier le père et construire sa vie de femme.

La thérapeute développe les intuitions de Laure. Dans cette famille, le modèle de relation prévalent est un système à trois où le troisième est toujours mort ou absent. Dans la relation mère-père-Julie, dans laquelle Laure a refusé de s'inscrire, le père est mort et mère et fille vivent avec lui. Sur le même schéma, entre les grands-parents maternels s'est glissé un homme absent auquel la grand-mère n'a jamais renoncé. En ce qui concerne les grands-parents paternels, Laure a dessiné, sur le génogramme, un triangle réunissant son grand-père paternel et ses deux femmes. Celle morte en couches, qu'il n'a peut-être jamais cessé d'aimer, et l'autre, la deuxième, dont le mariage est probablement resté blanc. Là encore le regard se porterait sur l'absente, la défunte. D'ailleurs, ne pourrait-on pas considérer que Laure, elle non plus, ne regarde pas ses amies mais regarde, à travers elles, une mère qui n'a jamais été, une mère défaillante, une mère quasi morte ?

Laure vient de comprendre que, jusqu'à aujourd'hui, ses relations étaient condamnées d'avance car elle y recherchait, sans s'en douter, une réparation à l'abandon maternel. Il lui importait davantage de coller à ce qu'on attendait d'elle, au rôle qui lui permettrait d'obtenir l'amour inconditionnel d'une mère, que d'être elle-même. Cette attitude, qui attirait inévitablement la bienveillance de l'autre, n'était autre que celle de la petite fille blessée. Ne montrer que cette facette d'elle-même revenait d'une certaine manière à tromper l'autre. C'est peut-être à cause de cela qu'elle s'est toujours sentie usurpatrice dans ses relations avec ses amies.

La thérapeute conforte Laure dans son raisonnement. Dans ses amitiés avec les femmes, Laure ne laisse paraître que sa part d'enfant blessée. Mais si ce malentendu a pu se produire si souvent, c'est grâce à la complicité active de ces femmes, qui ne sont autres que des mères en puissance, à la recherche d'enfants à protéger.

La thérapeute ajoute que Laure n'a pas été reconnue enfant dans son être, sa spécificité, sa singularité. Elle n'a aucune idée de sa valeur personnelle et une estime de soi à peine ébauchée. Elle a donc viscéralement besoin du regard de l'autre pour savoir ce qu'elle vaut.

Laure associe. Elle comprend que son besoin impératif de validation se superpose à sa recherche de mère. De ses relations amicales flatteuses, elle attend une révélation de ses qualités, de ses talents, une véritable réassurance narcissique. Elle ne veut jamais risquer de décevoir mais, lorsqu'elle obtient enfin ce regard puissamment désiré, au point de toujours coller servilement aux attentes de l'autre, elle déchante immanquablement.

La thérapeute confirme que le regard de l'autre ne peut pas satisfaire Laure car il est biaisé. Elle ne peut se reconnaître dans les retours qui lui sont faits car ceux-ci s'adressent exclusivement à la petite fille blessée. Laure ne peut donc que se sentir usurpatrice dans ce jeu relationnel faussé.

Laure renchérit. Pour elle, l'impasse relationnelle dans laquelle elle se retrouve chaque fois est toujours insupportable. D'où ses colères et son envie de hurler à l'autre : « Je ne suis pas du tout celle que tu penses. » L'autre n'a pas su voir qui elle est, Laure ne peut donc adhérer en rien à l'image qu'on lui renvoie d'elle.

La thérapeute fait remarquer à Laure que, dans ses relations amicales, sa colère n'est pas celle d'une adulte mais celle d'une enfant face à son parent. Elle a toujours affublé ses amies du pouvoir de savoir la « voir », de la reconnaître. Cette façon qu'a Laure de vivre ses relations n'est plus légitime aujourd'hui qu'elle est adulte.

Laure entend particulièrement cette interprétation. Elle rebondit sur le mot « légitime ». Il est bien question de cela dans son sentiment d'être usurpatrice, son sentiment d'imposture. La thérapeute demande alors ce qu'il en est de la légitimité dans sa famille. Laure repense à ce que son oncle lui a dit. Finalement, sa grand-mère maternelle ne regardait pas son mari. Pour elle, seul son premier amour était, d'une certaine manière, légitime.

La thérapeute abonde dans le sens de Laure. Dans sa famille, celui ou celle qui est regardé, légitime, n'est pas celui ou celle qui est en place officielle : la grand-mère maternelle regarde son amour déçu ; le grand-père paternel regarde sa première femme défunte.

Laure semble embarrassée. Est-il, à proprement parler, légitime de prêter de telles pensées à son grand-père paternel ? Elle va y réfléchir.

Dans tout travail thérapeutique, le patient se doit d'explorer l'histoire de ses parents pour comprendre sa propre histoire. C'est au cours de cette démarche qu'il va quitter le point de vue de l'enfant et adopter celui de l'adulte. Le point de vue de l'enfant a la particularité de poser son parent comme celui qui sait, le seul compétent. Le point de vue de l'adulte permet au patient de poser son parent comme celui qui sait, mais aussi comme celui qui ne sait pas tout. Démystifier le parent n'est pas le juger. Au contraire, c'est lui restituer sa dimension humaine. Souvent, le patient redoute cette confrontation, voire la refuse, car il craint de condamner son parent, de le tuer symboliquement. Cette crainte, lorsqu'elle existe, est le signe de la difficulté du patient à s'affirmer en tant qu'adulte, il reste en position d'enfant, position dont il se doit de faire le deuil.

Quelques semaines plus tard, Laure, bien calée dans son fauteuil, amorce avec assurance la séance. Elle a réfléchi au sujet de ses deux grands-mères paternelles, la morte et la vivante. Celle qu'elle n'a jamais connue peut effectivement être vue comme le seul amour légitime de son grand-père. Elle en convient aujourd'hui. De plus, elle a été étonnée de découvrir la similarité qui existe entre la vie amoureuse de ses grands-parents paternels et celle de ses grands-parents maternels. Des deux côtés, le regard se porte sur un disparu. C'est étrange, pour Laure, d'imaginer que ses parents ont été imprégnés, dans leur enfance, d'un modèle de couple si ressemblant, presque identique.

La thérapeute souligne qu'une telle coïncidence n'est pas si étrange. Dans la rencontre amoureuse, ce sont le plus souvent des histoires inconscientes similaires qui créent l'attirance entre deux personnes. Quelque chose de familier qui fait que l'un et l'autre se reconnaissent, à leur insu.

Laure est confortée par les propos de la thérapeute. Ils lui permettent de mieux imaginer le couple de ses parents qu'elle n'a jamais connu, de lui donner une consistance, une réalité.

S'ensuivent plusieurs séances agréables et faciles pour Laure, sur ses parents et sa famille, sur le rôle des modèles familiaux, la richesse de leurs apports et également sur les entraves dues à certaines croyances et valeurs familiales.

La thérapie de Laure se terminera sur cette question-réponse lancée par la thérapeute, et que Laure n'oubliera pas : qu'en est-il vraiment des deux sœurs, Julie et Laure ? Quelle est la légitime au regard de leur mère ?

Laure sourit tristement. Julie a été légitimée par sa mère. Elle a accepté ce contrat fou de vivre aux côtés de la mère et de toujours regarder avec elle dans la direction du père. Laure, elle, ne s'est jamais sentie légitimée par sa mère car elle n'a jamais adhéré à un tel contrat. Laure, qui avait follement souhaité le regard de sa mère, sait aujourd'hui qu'elle ne l'a jamais eu. Elle en a fait le deuil. Elle ne le recherchera plus non plus à travers des amitiés féminines. Elle a compris que, sans le savoir, sa mère avait retenu Julie prisonnière tandis qu'elle lui donnait à elle les clefs de la liberté.

Laure a découvert que la vraie liberté n'est jamais loin du sentiment de solitude. Son travail transgénérationnel lui a permis de comprendre que cette liberté s'acquiert grâce à une prise de conscience, à la fois douloureuse et heureuse. Elle accepte la part de responsabilité qu'elle détient dans ce qui lui arrive. Il ne tient qu'à elle, dorénavant, d'établir des relations amicales sur un mode adulte. Elle a pris la mesure du vide parental, de son impact sur elle. C'est cette accepta-tion qui est libératrice pour Laure et c'est cette même accep-tation qui la met face au sentiment de solitude, qu'elle peut désormais affronter. Être libre, c'est être seul, donc responsable. Aujourd'hui, Laure rencontre l'autre pour ce qu'il est vraiment, elle prend le risque de décevoir ou d'être déçue en osant être elle-même. C'est cette prise de risque qui lui permet d'acquérir chaque jour un peu plus confiance en elle et estime de soi.

Estime de soi

L'estime de soi est cette capacité à se faire confiance pour mieux prendre sa place dans la relation avec l'autre. C'est oser être soi-même, oser dire oui ou non à l'autre, tout en le respectant. La construction de cette estime de soi passe par le parent ou celui qui a fait office de parent. En effet, dès le début de sa vie, l'enfant se regarde dans les yeux du parent. Il dépend de ce regard. Il s'y cherche avec avidité. Et seule la gratuité de ce regard, qui voit l'enfant tel qu'il est et non tel que le parent voudrait qu'il soit, engendre la véritable estime de soi. Si ce regard n'est ni bienveillant ni curieux, mais au contraire critique, jugeant, voire humiliant, alors l'estime de soi reste en friche.

La répétition

La répétition, ou compulsion de répétition, se réfère toujours au passé. Elle consiste, pour le sujet, à adopter malgré lui des comportements ou des choix de vie inadéquats, malheureux, et le plus souvent voués à l'échec. Il s'agit d'une stratégie inconsciente dans laquelle le sujet rejoue quelque chose de son passé, événement douloureux ou incompris, ou quelque chose du passé, plus ou moins lointain, d'un membre de sa famille. Dans tous les cas, le sujet porte en lui le fol espoir d'y apporter un dénouement plus heureux, une fin nouvelle, ou de comprendre ce qui s'est mal joué. Il peut ainsi s'agir d'un sujet engagé dans une quête amoureuse, inexorablement vouée à l'échec, qui inconsciemment remet en scène le couple de ses parents divorcés, comme pour essayer de réussir là où ses parents ont échoué et comprendre ce qui leur est arrivé. Le processus de répétition n'est pas un processus aveugle, c'est un processus intelligent qui vise à réparer ou à mettre en lumière ce qui n'a pas été compris.

L'éthique relationnelle

L'éthique relationnelle s'applique à la relation, qu'elle soit familiale, amicale ou amoureuse. Elle l'aborde sous l'angle du donné-reçu, condition essentielle d'équilibre et de viabilité. Dans le cas de la relation amoureuse ou amicale, la règle de réciprocité est incontournable. L'un et l'autre doivent donner et recevoir équitablement. Certains ne savent pas recevoir, ils craignent de devenir à jamais débiteurs, tandis que d'autres, au contraire, considèrent que tout leur est dû et s'imposent comme des ayants droit. Dans les deux cas, il n'y a non-respect de l'autre, prise de pouvoir sur l'autre, et pourtant beaucoup se contentent de ces relations dissymétriques.

En ce qui concerne la relation familiale, l'éthique se pose différemment car la règle de réciprocité ne s'applique pas entre parent et enfant. En effet, le parent se doit de donner à son enfant sans exigence de retour. Plus tard, l'enfant devenu parent sera alors capable, parce qu'il a reçu de ce parent, de donner à son tour à son propre enfant. Une véritable chaîne du donné-reçu s'établit ainsi de génération en génération. Lorsqu'un enfant ne reçoit rien de son parent, ou qu'il a été élevé dans l'idée qu'il en est débiteur, il aura de réelles difficultés à se poser dans le rôle du parent capable de donner sans retour. La chaîne du donné-reçu est fragilisée, et peut même se briser, donnant alors lieu à une véritable rupture générationnelle, ou impasse généalogique.

Le rôle séparateur du père

Dans une société où les familles sont en pleine mouvance, certains rôles restent néanmoins repérables et structurants pour l'enfant. Celui de prendre soin de l'enfant est traditionnellement dévolu à la mère. Celui de signifier à l'enfant qu'il doit se séparer de la mère, pour endosser à son tour le rôle de parent, est dévolu au père. Le père sépare, afin d'éviter à l'enfant toute confusion avec la mère. Il lui signifie qu'il n'est pas la mère, ni même son prolongement. Il lui permet ainsi de se distinguer d'elle, de se différencier pour vivre ses propres sensations, ses désirs, et réaliser des choix de vie personnels.

Si le père ne peut endosser ce rôle de séparateur, un substitut peut, bien sûr, pallier cette défaillance. Dans les familles monoparentales, c'est le même parent qui se voit souvent dans l'obligation complexe d'assurer les deux rôles. Dans les familles recomposées, ces rôles sont également difficiles à départager, mais pas pour des raisons identiques. En effet, père et beau-père, comme mère et belle-mère, peuvent se compléter, ou rivaliser, dans les rôles de père et mère, pour le meilleur ou pour le pire. L'enfant adopté, lui, doit faire face à des rôles parentaux démultipliés, à travers des parents adoptants bien réels qui se superposent à des parents biologiques, souvent fantasmés. Dans les couples homosexuels ayant en charge un enfant, les rôles de père et de mère sont indépendants de l'identité sexuelle de chacun des deux partenaires.

La présence de l'absent

Au cours d'un travail thérapeutique, il arrive fréquemment que le patient omette, volontairement ou non, d'évoquer tel ou tel membre de sa famille. Savamment, il se détourne et contourne l'absent, et ses efforts pour l'éviter alertent sur l'importance et le poids de celui qui a été ignoré ou gommé. Ce grand absent, parce que éloigné, démissionnaire ou mort, a un impact bien réel et souvent considérable sur la vie de ce patient quasi amnésique. Il en est ainsi, par exemple, d'un parent manquant qui n'a pu assumer ses responsabilités, par ignorance, refus, ou décès, mais qui occupe une place d'autant plus forte qu'elle est fantasmée par le patient. Plus l'absence a été occultée, plus le vide a été creusé, faute de mots, plus l'activité fantasmatique est importante, et plus la présence de l'absent est forte et nocive.

5

Pierre et son frère,
une rivalité mal négociée

La thérapeute ouvre la porte, silencieuse. Elle entrevoit un homme aux traits tirés. Tout en s'effaçant pour le laisser passer, elle remarque que son costume est froissé, comme s'il avait passé la nuit avec. Pierre s'installe. Il croise rapidement les jambes, regarde à droite et à gauche, sans voir, puis fixe la thérapeute, attendant qu'elle se manifeste la première. Celle-ci lui sourit : qu'est-ce qui l'amène ?

Pierre hésite : comment doit-il procéder ? Quels renseignements doit-il donner ? Il raconte. Il est sous le choc. Sa vie entière est à ramasser. Ce qu'il a mis tant de temps à construire s'est effondré en quelques mois. Il est sidéré. Il est numéro deux d'une maison de production de films, qui a été rachetée le mois dernier, et il va être viré. Il le sait. Et c'est ce moment-là que sa femme a choisi pour s'en aller avec un autre. Elle vient de lui signifier sa volonté de mettre un terme à leur mariage. Elle n'en peut plus de son indifférence. D'après elle, il n'entend rien. Il ne s'intéresse à rien. Il ne regarde jamais les autres. Son directeur des ressources humaines a entrevu les difficultés dans lesquelles il se débat et lui a vivement recommandé de se faire aider. C'est même lui qui lui a donné les coordonnée du cabinet. Ses pas l'ont porté jusque-là, mais ses pensées le ramènent toujours aux paroles de sa femme. Il soupire. Que va-t-il sortir de cet entretien ?

Il est des patients, insuffisamment motivés, qui ne consultent pas de leur plein gré. Ils nient fermement avoir besoin d'aide, mais ils finissent par répondre à la demande anxieuse, parfois exaspérée, de leur entourage qui pense qu'une thérapie est la seule solution. Cette demande va souvent jusqu'à l'ultimatum : « Ce n'est plus possible. »

La thérapeute entend les réticences de Pierre. Il parle beaucoup de sa femme. Qu'a-t-il envie de dire, lui ?

Pierre desserre sa cravate. Le monde entier est contre lui. Tout s'acharne, son travail, sa femme, ses amis. Il ne sait plus où il en est. Il doit trouver le moyen de rebondir au plus vite.

Il n'est pas rare que les individus qui ne se sont jamais remis en cause, et dont la vie bascule soudainement, viennent chercher confirmation de leur mauvaise fortune et veuillent être entendus dans leur plainte. Dans ce qui leur arrive, ils n'ont rien vu venir et il n'y a rien à comprendre. Pour eux, c'est évident, on s'est joué de leur crédulité. Ils sont victimes d'une véritable conspiration et ils n'ont pas eu d'autre choix que de subir.

Ces patients, dès la première séance, affichent une susceptibilité excessive, accompagnée d'un jugement erroné sur le monde qui les entoure, que l'on peut qualifier dans les cas extrêmes de « sentiment paranoïaque ».

La thérapeute reprend les mots de Pierre. « Tout s'acharne contre lui ? » Mais qu'entend-il par ce « tout » ? Il doit expliquer mieux.

Pierre prend son élan. Son patron n'a pas su le défendre. La maison de production dans laquelle il travaille connaît des difficultés importantes depuis quelques années et vient d'être absorbée par un groupe plus grand. Il est là depuis longtemps, il s'est dévoué corps et âme, et il découvre brutalement qu'il n'a jamais compté. Tout le monde se fiche de lui. À part son DRH qui lui a fermement conseillé de se faire soutenir psychologiquement. Si celui-ci a été le seul à s'inquiéter de son sort, ses paroles lui ont moyennement plu, et même lui ont fait mal. Il n'a personne auprès de qui s'épancher. Il se sent seul, abandonné. D'ailleurs, sa femme vient de lui faire parvenir une requête de divorce. Et comme si cela ne suffisait pas, ses parents le condamnent. Pour eux, il n'a été capable de rien construire, ni son travail ni son couple. Il les a définitivement déçus. Ils ne veulent plus rien avoir à faire avec lui. Pierre a un frère, Paul, qui est depuis longtemps aux abonnés absents. Pierre se redresse. Il aimerait savoir comment la thérapeute travaille. Avoir enfin un interlocuteur lui permet de se ressaisir. Pense-t-elle pouvoir faire quelque chose pour lui ? De quelle manière ?

La thérapeute revient sur l'impatience de Pierre et son désir de s'en sortir au plus vite. S'il veut comprendre pourquoi il en est là, il doit accepter que cela prenne du temps. Sa situation est complexe. Il peut, bien sûr, compter sur elle pour lui permettre de faire le point et de prendre les décisions nécessaires. Mais elle n'agira pas sans un engagement réel de sa part, une forte implication. Il leur faudra faire alliance et établir ensemble l'objectif qu'il souhaite atteindre.

Pierre s'accorde avec la thérapeute sur le rythme des séances, rassurant pour lui, et sur leur coût.

Une démarche thérapeutique se construit à partir de la demande du patient, en tenant compte de l'objectif délimité par lui et le thérapeute. L'espace de travail est comme borné, ce qui n'empêche en rien les occasions d'étonnement, les mises en lumière inattendues. Il n'est question que de faire sur mesure, de coller au plus près du patient, tout en jouant sur cet équilibre délicat entre révélation et respect : révélation des changements, des solutions, des ouvertures possibles et respect du rythme d'acceptation et de maturation du patient.

Au rendez-vous suivant, la thérapeute demande à Pierre si son licenciement a été officialisé, ce qui a été envisagé pour lui, ce qu'il a réussi à négocier.

Pierre confirme. Sa mise à pied a bien été annoncée, mais il est momentanément rassuré. En effet, il a su correctement défendre ses intérêts et il peut ainsi envisager calmement sa reconversion. Comme il a le temps, il veut en profiter pour s'attarder sur les difficultés qu'il rencontre aujourd'hui : son foyer a littéralement explosé ; il a été mis à la porte de son bureau injustement ; quant à sa famille, elle le rejette. Il n'a rien vu venir. Il aurait mieux fait d'écouter sa femme qui, finalement, avait raison de l'accuser d'aveuglement. D'après elle, il est odieux, égocentrique, incapable de faire attention aux autres. Ces fameux autres qui l'ont bien eu !

La thérapeute réagit aussitôt. Quand il parle des autres, de qui parle-t-il ? Sa famille en fait-elle partie ?

Sa famille ? Pierre en a fait le tour. Il n'a pas envie d'en parler. Et ses amis, il les trouve méprisables. Et il n'est pas près d'oublier. Depuis sa séparation d'avec sa femme, ils se sont détournés de lui, comme par magie. Ils ont choisi leur camp. Pourtant, il ne leur a rien fait, ils ne peuvent rien lui reprocher. C'est vrai qu'il n'a jamais été bavard, mais tout le monde sait qu'il n'aime pas les histoires. Quant à ses collègues de travail, il n'a plus aucune estime pour eux. Quand il pense à tous les efforts qu'il a faits pour dépanner, rendre service, à toutes les soirées et les week-ends passés au bureau, il a vraiment le sentiment d'avoir été roulé dans la farine. Tant dans sa vie professionnelle que relationnelle.

La thérapeute revient sur sa famille. Il serait peut-être bon d'en parler quand même. Quel genre de parents a-t-il eus ?

Pierre a du mal à dire. Son père est un homme exigeant, autoritaire, mais il ne pense pas en avoir souffert. Ce qui n'était sûrement pas le cas de son frère. Pierre est l'aîné de deux, et il s'est montré aussi raisonnable et sérieux que son frère était révolté et irrespectueux. Pierre a dû être responsable pour deux. Il fallait répondre aux attentes du père, qui comptait exclusivement sur lui, et compenser les extravagances de Paul. Pierre était le plus grand, il devait donner l'exemple. Il a le sentiment qu'il n'a jamais eu le temps d'être enfant.

De tout temps, dans les familles, l'aîné a occupé une place particulière. Il est le premier, il suscite l'émerveillement de ses parents. Il est l'assurance d'une continuité, d'un avenir. Il cristallise toutes les attentes parentales, il est l'élu, l'héritier. Toutes les attentions et les projections dont il est l'objet provoquent souvent la jalousie et l'envie de ses frères et sœurs. Pourtant cette place, apparemment de choix, n'est pas confortable car l'aîné a tout à prouver. Il doit tout à la fois ouvrir les portes, satisfaire ses parents et conquérir ses droits. Il est la plupart du temps chargé de donner l'exemple auprès de ses frères et sœurs, quand il n'est pas tout simplement délégué à leur éducation. Et plus la famille est nombreuse, plus le risque est grand. Ainsi, dans beaucoup de familles, la qualité d'enfant de l'aîné n'est pas reconnue. Il est d'emblée surestimé, considéré comme un petit parent.

Pierre a toujours été là pour son frère. Il a tout fait pour lui éviter les remontrances du père. Mais Paul n'avait que faire de ses conseils. Paul a passé son enfance et son adolescence à s'opposer à leur père. Il n'a pas cessé de le provoquer. Il s'est fait renvoyer de plusieurs établissements scolaires, et il a même été embarqué plus d'une fois au poste de police. Bref, tout était bon pour se faire remarquer. Avec Paul, leur père a fait preuve d'un autoritarisme aveugle. Il s'emportait, criait, sanctionnait. Les punitions pleuvaient.

La thérapeute s'arrête sur le malentendu évident entre les deux frères. Pierre, manifestement, voulait protéger son frère du père. Paul, manifestement, cherchait à attirer l'attention du père. Pierre faisait tout pour que Paul ne se fasse pas remarquer, alors que Paul faisait tout pour se faire remarquer.

Pierre explose. Il n'a jamais été d'accord avec Paul. Petits, ils partageaient la même chambre et ils se disputaient en permanence. Pierre passait son temps à raisonner son frère mais Paul faisait la sourde oreille. Pierre s'exaspérait de l'attitude butée de son frère ; Paul, faute d'arguments, finissait toujours par en venir aux mains. Et les parents n'intervenaient pas. Pourtant leurs bagarres débouchaient sur de réelles violences. Paul était querelleur, batailleur, et Pierre était toujours obligé de se défendre. Paul ne faisait aucun effort, il n'avait que faire de la bonne volonté de son frère. Aujourd'hui le silence s'est installé entre eux, et pour Pierre son frère restera à jamais une énigme.

En ce qui concerne la fratrie, l'idéal fraternel est souvent très présent dans les familles. Il est souhaité par les parents qui rêvent d'une entente parfaite entre frères et sœurs mais, contrairement à ce qu'ils désirent ou imaginent, il existe toujours une forte rivalité au sein de la fratrie. C'est cette rivalité qui est source d'incompréhension, d'agressivité, voire d'extrême violence. Ce mythe de la fraternité est si ancré dans nos cultures qu'il est bien difficile, tant pour les parents que pour les enfants, d'admettre ou de reconnaître que l'on n'est pas obligé de s'aimer ou d'établir un lien parce que l'on est frère et sœur.

La thérapeute entame la nouvelle séance en reprenant certains éléments que Pierre a laissés dans le vague. Il n'a rien dit sur sa mère. Appuyait-elle le discours du père ? Était-elle autoritaire comme lui, ou permissive ? Et Pierre, qui s'est plaint du manque de considération de son frère, lui-même était-il vraiment attentif à Paul ? A-t-il cherché à comprendre pourquoi celui-ci était si bruyant avec le père ?

Pierre hausse les épaules. Toutes ces questions, pour lui, c'est de l'histoire ancienne. Il ne sait pas quoi dire sur sa mère. Une femme discrète, sans histoires, pas bavarde. Elle n'a jamais rien raconté sur sa famille. Elle était fille unique, fille de vieux. Ils étaient morts avant la naissance de Pierre. La vie de sa mère se résume à celle de son père. Elle s'est toujours cachée derrière le discours et les décisions de son mari, et se réfugiait dans les tâches ménagères. En ce qui concerne son frère Paul, bien sûr qu'il s'en préoccupait. Si Pierre a été sérieux toute son adolescence, c'est bien à cause de lui. Il fallait que l'un des deux se tienne à carreau pour éviter que la colère du père ne soit décuplée. Finalement, il

139

a passé son temps à arranger les choses. Et tout cela pour quoi, pour qui ? Paul se fichait bien de ce que Pierre faisait pour lui. La preuve, aujourd'hui, ils n'ont rien à se dire. Ils ne peuvent même pas s'entendre sur leurs souvenirs. À croire qu'ils n'ont jamais été frères.

Dans une fratrie, il est rare que les uns et les autres inscrivent de la même manière leurs souvenirs. Sur son enfance, ses parents, ses grands-parents, sur les moments heureux ou malheureux, chacun perçoit les événements selon son propre prisme. À entendre les membres d'une même fratrie, c'est comme s'ils étaient issus de familles différentes. Et c'est d'autant plus vrai, que contrairement à ce que les parents défendent haut et fort, ceux-ci ont été bien souvent des parents différents avec chacun de leurs enfants : ils ne les ont pas eus au même âge, ni dans les mêmes circonstances de vie, et ils ont entretenu, malgré eux, un rapport unique, incomparable avec chacun d'entre eux.

La thérapeute souligne la façon dont Pierre assumait tout pour deux. Un peu comme s'il voulait s'octroyer, seul, un face-à-face avec le père. Sous couvert de protéger Paul, ne souhaitait-il pas en fait la reconnaissance exclusive du père ? Ne cherchait-il pas, en réalité, à accaparer l'attention de ce père ? N'était-ce pas là le signe d'une forte rivalité entre son frère et lui ?

Pierre réfute violemment ce qui vient d'être dit. Il n'a jamais cherché à s'approprier le père pour lui seul. C'est une interprétation ridicule, absurde. Et s'il existe une rivalité entre son frère et lui, elle n'est pas de son fait.

La thérapeute prend note de la colère de Pierre. Elle revient sur l'attitude du père à l'égard de ses deux fils.

140

Pierre reconnaît que son père est volontiers injuste. Quand ils étaient enfants, il était beaucoup plus sévère avec Paul. Mais c'est normal, étant donné que lui s'est toujours montré sérieux et obéissant. Il devinait les désirs de son père, et la plupart du temps il les devançait. À l'époque son père avait misé sur lui, et il ne s'est jamais senti le droit de le décevoir.

Le fait que l'enfant dépende de son parent pour survivre est une donnée fondamentale pour comprendre l'interaction asymétrique enfant-parent. L'enfant aime son parent de façon inconditionnelle, et il est prêt à satisfaire à toutes ses exigences pour obtenir son amour en retour. À l'inverse, le parent n'aime pas nécessairement son enfant de façon inconditionnelle. Il peut l'aimer, mal l'aimer, ne pas l'aimer et même le maltraiter. Le parent est dans une position de plein pouvoir, et il peut effectivement, à tout moment, tout exiger de l'enfant. Le mythe du parent aimant et protecteur sert bien souvent de paravent à des attitudes éducatives injustes, humiliantes, voire abusives. Combien de générations de parents ont appliqué, et appliquent encore, le principe « si je te fais du mal, c'est pour ton bien » ?

Enfant, Pierre se voulait indispensable au bonheur de son père, capable de le contenter mieux que son frère. Une seule ombre au tableau : il se savait dans l'obligation de reprendre, un jour, l'entreprise familiale. Son père lui répétait sur tous les tons : « Tu seras chef, on compte sur toi. » Pierre n'osait pas le détromper, même s'il doutait fortement d'être à la hauteur. Cette perspective le terrorisait secrètement. L'entreprise, créée par le grand-père paternel, avait été reprise par le père. Ce dernier, bien que second d'une fratrie de deux, ayant été désigné comme le seul héritier fiable, avait accepté cet héritage familial comme une obligation à laquelle il ne pouvait se soustraire. Et il n'avait jamais remis en cause cette décision pourtant injuste envers son frère. Après des années d'efforts répétés, de formation faite à contrecœur, et de stages ingrats, Pierre, lui, contre toute attente, n'a pas repris l'affaire du grand-père. Il ne s'est pas senti capable de relever le défi, de développer et de perpétuer l'héritage familial. Le poids était trop lourd. Il a déçu le père.

Toute famille, volontairement ou non, transmet un héritage à travers les générations. Cet héritage est fait de valeurs, de croyances, de récits, de légendes, mais égale

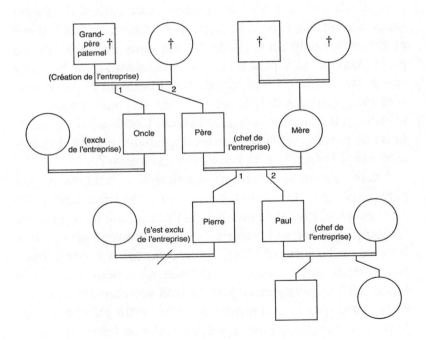

Génogramme de Pierre

ment de secrets, de non-dits, d'événements graves ou de traumatismes. Dans certains cas, l'héritage légué consiste en biens matériels, documents, lettres ou photos, vêtements, meubles, maison, magasin ou entreprise familiale. L'héritier se sent rarement en droit de refuser ces biens qui lui sont transmis et la mission qui les accompagne souvent. Seuls quelques rares individus font le choix de se détourner de ce qui leur est donné, pour s'affranchir de ce qu'ils considèrent comme une entrave et rester libres.

Aujourd'hui Pierre est bien loin de l'entreprise familiale, dans le parcours professionnel qu'il a choisi. Son choix a fait la part belle à son frère qui la dirige à l'heure actuelle.

La thérapeute ouvre la séance suivante par une remarque. Dans la famille de Pierre, c'est le second qui devient « chef ». Pierre ne lui a pas expliqué pourquoi son père, le cadet, avait été désigné pour reprendre l'entreprise, à la place de son frère aîné.

Pierre est nerveux. Il s'agite. Il ne l'avait jamais remarqué jusqu'à ce jour, mais c'est vrai, les seconds, dans cette famille, finissent toujours par « gagner ». Pour son oncle, le frère de son père, c'est une histoire d'infidélité. Jeune marié, il a eu un enfant illégitime et le grand-père, craignant pour la succession, l'a purement et simplement évincé de l'affaire. Le père de Pierre ne s'est jamais élevé contre la décision du grand-père. Il a assumé la fonction sans discuter. Pierre ne connaît pas les détails. Ce qu'il sait, c'est que depuis cette époque, son père et son oncle sont brouillés. Quant à l'entreprise, elle s'est rapidement développée et son père a gagné beaucoup d'argent. Son oncle est le grand perdant. En se remémorant, à voix haute, ces histoires familiales, Pierre est surpris par la similitude des deux histoires. Celle de son oncle et son père, et celle de son frère et lui.

La thérapeute note que dans les deux cas, il s'agit d'une figure paternelle autoritaire face à deux fils – deux fils en concurrence, avec un enjeu de taille, une entreprise.

Pierre remarque que les deux histoires diffèrent cependant sur un point : l'oncle, l'aîné, a été exclu, alors que lui s'est exclu lui-même. Lorsqu'il a décidé de s'engager dans la production de films, son père s'y est violemment opposé. Il a tout essayé pour le faire revenir sur sa décision. Selon lui, Paul était colérique, un incapable sans diplôme, et il était hors de question qu'il lui donne la place qu'il avait réservée à son aîné.

La thérapeute interroge Pierre sur la façon dont il a tenu tête à son père, lui qui, jusque-là, s'était toujours montré obéissant et conciliant.

Pierre explique. Il a fait des études de commerce, pourtant il rêvait d'autre chose. Il adorait les livres, le théâtre, le cinéma, mais il n'aurait jamais osé se rebeller ouvertement contre son père. Il a fait de longues études comme pour chercher à gagner du temps. Son père aurait pu changer d'idée, garder la direction de l'entreprise ou, qui sait, la revendre un jour. Mais le père est tombé malade et il a exigé qu'il intègre au plus vite l'entreprise, dès la fin de ses études. Pierre s'est senti acculé, obligé de dévoiler son projet : il tenait à faire carrière dans le milieu du cinéma et il refusait de travailler avec son père. Celui-ci, abasourdi par sa désobéissance inattendue, l'a banni et s'est rageusement rabattu sur le frère de Pierre. Paul a accepté de seconder son père et a peu à peu gagné sa confiance. Il a ensuite pris la tête de l'entreprise et a surpris tout le monde en doublant rapidement le chiffre d'affaires. Ce succès a forcé l'admiration de tous, Paul s'est imposé comme le véritable héritier, garant de la fierté familiale. Aujourd'hui, pour leurs parents, Paul a tout réussi, son travail, son mariage, ses enfants.

La thérapeute remarque que le père, tout comme le grand-père, a été incapable d'équité avec ses deux fils. Le grand-père a écarté un fils pour tout donner à l'autre. Le père a soutenu un fils, au détriment de l'autre, puis il s'est détourné du premier en accordant tout au second.

La plupart du temps, les parents mettent un point d'honneur à se comporter de manière égale avec leurs enfants, au point de gommer leurs différences, leurs dons, leurs capacités, leur sensibilité. Ils logent fièrement leur petit monde à la même enseigne. Au nom du principe d'égalité, les enfants auront droit au même âge aux mêmes cadeaux, à la même somme d'argent de poche, aux mêmes autorisations de sortie. Ces parents érigent ainsi un système de règles, égalitaire et rigide, appliqué aveuglément. D'autres parents, plus rares, mettent en avant l'équité dans leur choix éducatif. Appréciant chacun de leurs enfants, ils leur donnent différemment, en tenant compte de leur sexe, de leur âge et de leur personnalité, tout en restant justes. Par exemple, un aîné dont la sensibilité artistique est particulièrement développée sera soutenu dans son projet, tandis que le second, matheux, sera encouragé dans un cursus scientifique. Dans le cas de Pierre et de Paul, les parents ne se sont souciés ni d'égalité ni d'équité. Déjà, le grand-père a disqualifié l'aîné, injustement. Quant au père, il réservait à son second fils un traitement dévalorisant et brutal, tandis qu'il louait l'obéissance de l'aîné. Il ne voulait pas prendre en considération les talents de son second fils, ses qualités d'initiative, sa débrouillardise. Celui-ci n'était pas sérieux, il ne réussissait pas dans les études, il ne réussirait pas dans la vie. Finalement, le père n'a pas non plus respecté Pierre. Il n'a pas tenu compte de sa volonté de s'orienter vers des études cinématographiques. En tant qu'aîné, il n'avait pas d'autre choix que de s'engager sur les traces du père.

Pierre rebondit sur le mot fils. Quand il était petit, son père parlait toujours de lui comme de « son fils » alors que, lorsqu'il évoquait Paul, il disait toujours « le frère de Pierre ». Il s'excuse de son intervention, ça lui est venu comme ça.

La thérapeute sourit. Il s'agit là d'une association d'idées pertinente. Ce père ne peut avoir qu'un seul fils, semble-t-il. Souvent, l'aîné focalise toutes les attentions et les attentes parentales. Autrefois, n'était-ce pas lui qui héritait du nom, des biens ? Tout se passe comme si le père avait fait sienne cette ancienne règle, quand Pierre et Paul étaient petits. Au risque d'anéantir Paul.

L'aîné est ce premier enfant qui permet aux deux partenaires du couple d'accéder au rôle de parents. Au couple conjugal se juxtapose alors le couple parental. Cet enfant, par son rôle de passeur, gardera une place singulière. Le ou les enfants qui suivront ne pourront en aucun cas la lui ravir. De plus, l'aîné conservera toujours la nostalgie d'avoir été seul, dans une relation privilégiée, avec ses parents. Pour lui, la venue d'un autre, d'un second, représente une intrusion douloureuse dans son univers, une réelle trahison. Il a le sentiment d'être dépossédé de quelque chose qui lui était promis, garanti.

146

La thérapeute demande à Pierre s'il se souvient de la naissance de son frère. Cela a-t-il changé quelque chose ? Ses parents ont-ils modifié leur attitude à son égard à ce moment-là ?

Pierre dément. L'arrivée de Paul ne lui a laissé aucun souvenir. Pas de changement notable dans la vie familiale. Il était « le fils » de ses parents, Paul n'était que son frère, en tout cas pas un « autre fils ». C'est comme cela qu'il a senti les choses. Il se souvient que lorsqu'on interrogeait le père sur ses fils, celui-ci était intarissable sur ses exploits, sans jamais mentionner son frère.

La thérapeute suggère que son père, en le reconnaissant, lui, Pierre, de façon préférentielle et même outrancière, voulait peut-être gommer l'injustice faite autrefois à son frère aîné et se soulager ainsi d'une forte culpabilité. N'avait-il pas profité de la mise à l'écart de son frère, en obéissant aveuglément à la décision du grand-père ? Il se devait absolument de réhabiliter la place d'aîné.

Il faudra plusieurs séances à Pierre pour qu'il découvre l'impact de la naissance de son frère dans sa vie et la réalité de leur rivalité. Contrairement à ce qu'il a toujours refusé de s'avouer, il a eu très peur de perdre sa place d'aîné et l'estime de son père. Pourtant, pour le père, il n'y avait de place que pour un seul enfant, un « aîné réhabilité », un héritier. Pierre a lutté pour conserver cet avantage. Il a été le meilleur à l'école, le meilleur en sport, le plus obéissant, bref le plus valorisant pour ses parents. Paul aussi a lutté. Comme il lui était difficile de dépasser son frère, il ne pouvait ravir l'attention du père que par sa révolte, ses éclats de colère et ses écarts de conduite.

Dans une famille, le cadet naît là où un autre préexiste. D'emblée, il fait l'expérience de la confrontation, il doit faire avec cet autre. Il tire avantage de cet état en s'inscrivant dans la rivalité alors que l'aîné reste inscrit dans la nostalgie d'un passé où le fraternel n'existait pas.

Au cours du rendez-vous suivant, la thérapeute fait part à Pierre de sa surprise. Il semble bien, d'après ce qu'il raconte, que ses parents n'ont regardé que lui, lorsqu'il était enfant et adolescent. Comment se fait-il qu'il n'ait jamais réagi, lui qui cherchait pourtant à préserver son frère ? Trouvait-il normal que son père traite si différemment ses deux fils ? Et la mère ? Pierre n'en parle toujours pas. Avait-elle des égards pour Paul, pour compenser le non-intérêt du père ?

Pierre comprend maintenant combien Paul a été meurtri par les humiliations et les injustices répétées du père. Combien de fois s'est-il réfugié auprès de leur mère, qui le consolait comme elle pouvait. Elle s'en défendait timidement quand le père lui en faisait reproche mais, de fait, elle gâtait Paul de manière éhontée. C'est peut-être pour cela qu'il a accepté sans sourciller le statut privilégié que son père lui a octroyé. Paul était le fils de la mère, lui était le fils du père. Au contraire de son frère, il ne s'est jamais senti concerné par sa mère. Il a gardé ses yeux rivés sur le père. Sa préoccupation exclusive était de le contenter.

La thérapeute explique que Pierre et Paul sont fondamentalement différents l'un de l'autre. Pierre s'est construit essentiellement en regard de son père, dans une relation strictement verticale, alors que Paul s'est construit en regard de ses deux parents et de son frère, dans des relations verticale et horizontale. Pierre s'est inscrit dans une relation dyadique particulière père-fils, dont la mère s'est curieusement exclue. Paul a eu un cheminement plus accompli ; il s'est désengagé de la relation mère-enfant pour affronter le père, tout en faisant face à son frère. Pierre, dans son travail thérapeutique, ne fait mention que de sa relation complexe avec son père. Et lorsqu'il évoque sa vie professionnelle, il parle de son patron comme d'un père symbolique, qui n'aurait pas su le défendre.

Pierre est perplexe. Il n'a jamais fait ce parallèle. C'est vrai qu'il a toujours guetté les preuves de reconnaissance de son patron, comme il a guetté plus tôt celles de son père. Lorsque la maison de production a été rachetée, il ne s'est pas inquiété d'une conséquence inévitable, le remaniement du personnel. Il ne s'est soucié que de ce que lui et son patron décideraient et feraient ensemble. Dans ses projections sur l'avenir, il ne se désolidarisait jamais de lui. Son homologue dans le groupe acquéreur a été bien plus malin. Il a joué de ses relations avec les différents interlocuteurs. Il s'est montré combatif et astucieux, et, bien que moins qualifié, il lui a ravi la place. Son patron n'a pas réagi. Aux dernières nouvelles, ce dernier apprécierait grandement les qualités de son nouveau bras droit, alors que hier encore il ne jurait que par Pierre.

La thérapeute intervient. Dans cet épisode professionnel, ne s'est-il pas joué un jeu relationnel subtil, conforme au jeu relationnel familial ? Son patron serait en quelque sorte son père. Quant à son homologue, il incarnerait son frère cadet ?

Pierre est sonné. Il entraperçoit la similitude des deux situations. Il respire bruyamment. Si lui a été obsédé par le désir de faire plaisir à son père, sans jamais se préoccuper des autres, Paul a toujours su naviguer entre rébellion et diplomatie, entre père, mère et frère aîné. Tout comme le nouveau bras droit de son patron.

Il a fallu atteindre cette étape du travail pour que Pierre décrypte le jeu subtil du père avec ses deux fils, qui n'aurait jamais pu se jouer sans la complicité de la mère. Plusieurs séances ont été nécessaires pour mettre au jour le rôle de chacun dans le jeu familial. Le père, consciemment, a désigné son fils aîné seul héritier légitime, comme pour réhabiliter son frère spolié. Mais inconsciemment, il a toujours sabordé son fils aîné, car lui-même n'a jamais réglé sa forte rivalité avec son frère ; le projet était en effet présenté comme tellement écrasant que Pierre ne pouvait qu'échouer. À l'inverse, le père, par un discours dévalorisant et un manque d'attention, a consciemment écarté son second fils. Mais inconsciemment, il l'a armé pour qu'il lui tienne tête, qu'il soit capable de lui faire face ; à son insu, le père a œuvré à ce que l'entreprise familiale revienne à Paul, comme elle lui était revenue à lui. Dans cette famille, ce sont les seconds qui héritent. Ce projet inconscient a été facilité par l'attitude de la mère qui, en ne s'opposant pas au père a été complice.

Pierre s'est laissé prendre dans un piège relationnel père-fils. Paul au contraire a appris les subtilités du jeu multi-relationnel avec les divers membres de la famille. Dans ce système familial qui dysfonctionne, père et mère se sont livrés ensemble à un jeu violent qui visait la mise à mort symbolique du fils aîné. Pierre traversera plusieurs séances éprouvantes pour accepter et dépasser le sentiment d'avoir été joué par sa famille. Là où il s'est cru capable de s'opposer à son père, en refusant de travailler dans l'entreprise, il n'a fait que servir le projet inconscient du père, laisser la place au second.

Aujourd'hui, Pierre se sent prêt à aborder un aspect plus actuel de sa vie, en remettant en question son rôle dans l'échec de sa relation avec sa femme. Il a jusque-là volontairement éludé ce sujet, car il ne l'entendait que comme une trahison de sa femme, dont il a été victime. Pierre ne s'est pas inscrit dans une relation triangulaire père-mère-enfant équilibrée qui lui aurait permis un accès harmonieux à la relation de couple. Après plusieurs séances, il comprend pourquoi sa femme est partie. Il ne s'est jamais préoccupé d'elle, pas plus que de sa mère. Encore aujourd'hui, il ne sait rien d'elle, ni de ses goûts, ni de ses attentes et il était normal qu'elle finisse par s'éloigner. Il ne s'est jamais donné la peine non plus d'établir des liens avec les uns et les autres, au contraire de sa femme qui, elle, a su le faire. Aujourd'hui il est seul, contrairement à elle qui a été soutenue par tous leurs amis.

C'est en travaillant avec la thérapeute sur le rôle de la mère que Pierre a découvert que la sienne avait été quasi absente de son enfance. Elle n'a pas su prendre soin de lui enfant, car lorsqu'elle était enceinte elle avait perdu ses parents dans un accident de voiture et elle en a été affectée très longtemps. Le père a donc été l'unique interlocuteur de Pierre. Une sorte de piège relationnel s'est alors refermé sur eux. La mère a sombré dans une profonde dépression et, encore aujourd'hui, elle n'évoque jamais ce double deuil. L'existence de Pierre l'a toujours renvoyée à la rupture brutale de l'existence de ses parents. Inconsciemment, elle lui en voulait, elle le fuyait. Elle avait beau s'obliger à se montrer maternante, son comportement laissait deviner une aversion réelle pour l'enfant. Pierre a certainement perçu son rejet. Il s'est détourné de sa mère, de sa douleur. La mère et le fils n'ont jamais établi de lien véritable, chacun repoussant la souffrance de l'autre. Grâce à son travail thérapeutique, Pierre a pris la mesure du manque et du drame que sa mère a vécu. Il a aussi compris combien ce modèle de mère rejetante a été pénalisant pour sa vie relationnelle et amoureuse.

Pierre n'est pas venu à la séance suivante. Quelque temps plus tard, il a téléphoné pour s'excuser et se justifier. Il a laissé passer son rendez-vous et, suite à cet oubli, a finalement décidé de mettre fin à son travail. Il a suffisamment compris, il ne veut pas aller plus loin. D'ailleurs, il est sur le point de signer un contrat d'embauche et il ne voit pas comment il pourrait trouver le temps de poursuivre.

La thérapeute accueille avec bienveillance la décision de Pierre de s'arrêter là. Elle n'est pas surprise de son refus d'aller plus avant. Derrière les arguments qu'il brandit, elle sait les résistances contre lesquelles il se bat. Son rôle à elle n'est pas de le contraindre mais de l'accompagner là où il veut aller. Pierre a franchi un palier, il a été capable de surmonter la crise pour laquelle il consultait.

Pierre a ensuite traversé d'autres moments difficiles. Il a recontacté la thérapeute pour faire face à des échecs répétés dans sa vie relationnelle. Pour lui, engager une relation avec l'autre sexe reste extrêmement difficile. Il gagne un peu de terrain à chaque tranche de travail. Aujourd'hui, il vit encore seul mais développe peu à peu de nouvelles relations amicales. Professionnellement, il s'est imposé comme un directeur de collection compétent et apprécié dans une maison d'édition.

La jalousie de l'enfant

L'enfant jaloux est un enfant montré du doigt. Souvent considéré par les adultes comme né avec un vice de forme, une caractéristique qui lui revient en propre, il a le mauvais rôle, dans sa famille, à l'école, partout. De fait, il est victime d'une grande injustice et ce jugement abusif est corrosif, destructeur.

Dans la réalité, il s'agit de rivalité. Or la rivalité ne s'exerce qu'à deux ou à plusieurs. De plus, elle est incontournable, dans toutes les fratries, tous les groupes. Contrairement à ce que les parents imaginent, il existe toujours une forte agressivité entre leurs enfants, qui peut mener à de réelles violences. En effet, chaque enfant cherche à gagner le regard du parent pour être l'élu. C'est donc au parent de veiller à l'équité de son regard pour venir à bout des rivalités de ses enfants. Cette responsabilité parentale est la base du rôle éducatif, malheureusement trop souvent négligée.

Le projet parental

Chacun hérite d'un projet parental concernant ses choix existentiels, personnels et professionnels. Produit d'une culture et de croyances familiales, il est nourri par les attentes et les projections – parfois contradictoires – des divers membres de la famille. Placé, en cas de contradiction, dans une situation inconfortable, le sujet doit alors se montrer particulièrement créatif pour dépasser un conflit de loyautés croisées. Par exemple, il peut se sentir en porte-à-faux entre le projet de son père et celui de sa mère, ou entre celui de ses parents et celui de ses grands-parents.

Ce projet parental est explicite ou implicite. Mis en mots, il peut être plus facilement argumenté, accepté ou contrecarré. Implicite, il joue plus sournoisement, et induit souvent des choix de vie insatisfaisants et frustrants.

Le parent

Dans le langage psychologique, il est d'usage d'employer l'expression « le parent » pour désigner non pas la personne qui s'occupe de l'enfant mais la fonction parentale. Celle-ci est assurée par le père et la mère, ou par des substituts parentaux lorsque l'un ou les deux parents font défaut. Ainsi, la fonction paternelle peut être remplie par un père, un frère, un oncle ou un maître d'école... Tout comme la fonction maternelle peut être assurée par une mère, une sœur, une

155

tante ou une amie... L'important, c'est que les deux fonctions, paternelle et maternelle, existent pour l'enfant. Ainsi, dans le cas d'une déficience du milieu familial, la fonction paternelle peut, par exemple, être assurée par l'État, sous la forme d'un juge, et la fonction maternelle sous celle d'une assistante médico-psychologique.

6

Yolaine, une victime consentante

Yolaine se laisse tomber dans le fauteuil. Elle ne s'est pas débarrassée de son manteau, sur lequel elle tire nerveusement pour essayer de masquer sa silhouette. La thérapeute la met à l'aise. Ne risque-t-elle pas d'avoir trop chaud ? Est-elle confortablement installée ?

Yolaine ose un demi-sourire. Le jour du rendez-vous est arrivé plus vite qu'elle ne l'imaginait. Elle ne sait pas très bien ce qu'il faut dire, par quoi il faut commencer. Elle ne sait pas non plus si elle doit se féliciter de son appel téléphonique ou si elle doit le regretter. Elle a agi sous l'impulsion de sa cousine. Elle était au bout du rouleau. Sa dernière altercation avec Bernard a été pire que jamais. Il l'a encore accusée d'être grosse, mal fagotée, insortable, et il a quitté l'appartement en ricanant : si elle continuait comme ça, elle finirait par éclater. Elle n'en peut plus d'être constamment humiliée. Sa cousine, qui l'a toujours écoutée avec beaucoup de patience et de gentillesse, l'a suppliée cette fois-ci. Ces brimades ne pouvaient plus durer. Elle devait réagir où elle y perdrait la santé. Elle ne s'en sortirait pas seule. Yolaine l'a écoutée, c'est pour cela qu'elle est là. Elle ne veut plus subir. Yolaine s'est arrêtée, comme surprise du flot de paroles qui l'a débordée.

D'un léger mouvement de tête, la thérapeute l'encourage à poursuivre.

L'hésitation de Yolaine est de courte durée. Elle reprend, sur un ton plaintif, en prenant soin de n'oublier aucun détail. Bernard est méchant avec elle. Il se moque de son apparence, de son poids. Il lui reproche de n'être pas soignée, de n'être ni attirante ni féminine. Ce n'est pourtant pas faute d'efforts. Elle s'est inscrite à une salle de sport et, dès qu'elle quitte son travail – elle est infirmière –, elle s'y précipite. Rien n'y fait. De toute manière, ce n'est jamais suffisant pour Bernard.

La thérapeute a écouté les récriminations de Yolaine, qui a donné beaucoup d'informations, mais qui ne semble pas avoir livré l'essentiel. Elle est mariée avec Bernard, mais depuis quand ? Ces scènes de ménage sont-elles fréquentes ? Quand ont-elles démarré ?

Yolaine fond en larmes. Ces règlements de comptes entre elle et son mari ont toujours existé mais ils sont de plus en plus violents et les périodes de répit se font rares.

La thérapeute lui demande ce qu'elle attend d'elle. Yolaine a occupé la presque totalité de la séance à accuser l'autre. Vient-elle pour être écoutée ? Ou a-t-elle une demande précise ? Quel est son objectif ? Yolaine accepte mal ce recadrage inattendu. Elle regrette d'être là. Elle sent bien que l'oreille de la thérapeute sera moins complaisante que celle de sa cousine.

Certains patients se présentent comme d'éternelles victimes : les circonstances sont hostiles, les proches s'acharnent, le mauvais sort les contraint. Ces patients viennent en consultation souvent sur les conseils d'un entourage. Ils sont là sans conviction. Ils restent parfois longtemps sur le seuil, avant de s'engager vraiment. Quelques-uns, même, ont un parcours déjà jonché de tentatives thérapeutiques. Ils ont chaque fois mis fin à leurs séances sans crier gare, comme s'ils craignaient de quitter le rôle de victime dans lequel ils se sont enfermés. Ambivalence entre le désir de guérir et le désir de conserver à tout prix le soutien et la compréhension de l'entourage, la famille, les amis.

Yolaine s'interroge à voix basse. Elle ne sait plus. Elle repense à l'argumentation véhémente de sa cousine. Elle ne peut pas s'en sortir seule. Elle doit se faire aider. Elle ne sait plus où donner de la tête. Doit-elle partir, quitter Bernard ? Ou bien son couple a-t-il encore une chance ? Elle n'arrive plus à y voir clair.

La thérapeute n'est pas surprise des tergiversations de Yolaine, manifestement engagée dans une relation douloureuse avec son partenaire. Elle l'avertit qu'en aucun cas elle n'est autorisée à prendre de décision à sa place. Si Yolaine s'engage auprès d'elle, ce sera pour y voir clair dans l'histoire de son couple, sans faux-semblants. Elle pourra ainsi prendre des décisions qui lui incombent à elle seule.

Un thérapeute n'est jamais véritablement neutre. Le thérapeute transgénérationnel, lui, s'engage à travailler aux côtés du patient, dans une compréhension empathique, non complice, dans une juste distance. Il ne se met pas à la place du patient, il ne lui impose aucune solution. C'est au patient de l'élaborer avec lui.

La thérapeute ajoute que si Bernard se comporte aussi mal avec Yolaine, c'est peut-être qu'il se sent autorisé à le faire. Dans un couple, tout se joue à deux. C'est sur ce principe qu'il leur faudra axer le travail. Y consent-elle ?

Dans toute alliance, les partenaires sont responsables l'un et l'autre des échanges et des interactions qu'ils produisent ensemble. Il n'est ni souhaitable ni possible d'imputer les agacements, les dysfonctionnements ou les scènes de ménage à l'une des deux parties, exclusivement. Celles-ci sont coactrices de tout ce qui leur arrive. Aucun ne peut jamais dire : « Ce n'est pas moi, c'est l'autre. » Dans un couple, les deux partenaires sont codécideurs et chacun possède donc le libre-arbitre de sa vie.

Yolaine sent bien que la thérapeute a raison. Elle reconnaît que souvent elle se jette dans la gueule du loup, comme si elle semblait rechercher les brimades. Elle ne sait pas pourquoi, puisque ensuite elle est malheureuse. Elle est d'accord, même si elle n'en est pas très fière : elle est en partie responsable de ce qui lui arrive.

Yolaine a hésité longtemps avant de confirmer le rendez-vous suivant. Elle s'était engagée à revenir mais, dans le fond, elle n'était pas très sûre de le vouloir vraiment. Elle est attachée à Bernard et ne veut pas prendre le risque de le perdre. Une nouvelle conversation avec sa cousine a finalement levé ses dernières réticences.

Cette fois-ci, Yolaine s'installe plus calmement. Face à la thérapeute, elle témoigne que la semaine s'est mieux passée. Elle a repensé à ce qu'elles s'étaient dit, lors du premier rendez-vous, et elle a fait en sorte de ne pas donner prise à son mari. Il s'est montré moins agressif. Elle comprend qu'elle n'est pas innocente dans ce qui se joue dans leur couple. La thérapeute a préparé un paper-board pour que Yolaine y représente sa famille. Celle-ci rechigne. La place lui manque pour inscrire tous les membres. Elle demande encore une feuille, puis une autre. Le feutre ne convient pas non plus. Elle finit par produire un schéma brouillon et confus des différentes générations de sa famille. Elle ajoute qu'elle est ici pour parler de Bernard et d'elle, et qu'elle ne comprend pas du tout l'intérêt de ce dessin.

La thérapeute fait mine d'ignorer la mauvaise humeur de Yolaine et lui demande de raconter les différents couples de sa famille. Qu'a-t-elle à dire de ses parents, de ses grands-parents ? Comment se sont-ils rencontrés, comment s'entendaient-ils ? Elle n'en voit peut-être pas l'intérêt,

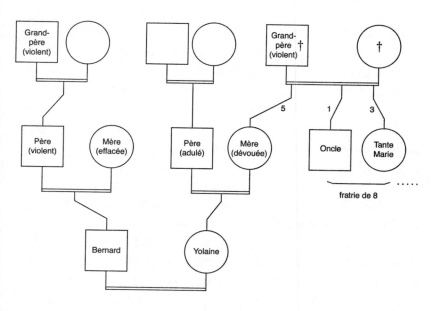

Génogramme de Yolaine

mais parler d'eux et de leurs couples va lui permettre de parler d'elle et de son couple.

Les parents de Yolaine se sont rencontrés à la fac. Ils étaient tous les deux étudiants en médecine, en première année. Son père était doué, il a réussi brillamment. Sa mère a échoué au concours d'entrée, elle n'a pas insisté. Elle a préféré miser sur la réussite de son mari et s'est lancée courageusement dans la vie active pour lui permettre de continuer à étudier. Elle souhaitait des enfants rapidement. Finalement, ils n'en ont eu qu'un seul, Yolaine. En fait, son père ne supportait pas d'être dérangé. Ses études longues et sa carrière ne laissaient aucune place à une vie familiale. Sa mère s'est dévouée, sacrifiée. Son père est aujourd'hui un chirurgien reconnu, à la tête d'une clinique réputée. Yolaine précise que son père est enfant unique, comme elle. Il a été adoré, vénéré par des parents, issus d'un milieu modeste, qui se sont privés de tout pour que leur fils réussisse. Ceux-ci ont vu d'un très bon œil l'entrée de leur belle-fille dans la famille. Elle était discrète et sérieuse, et allait à coup sûr soutenir le succès de leur fils.

En se laissant aller à son histoire, Yolaine constate que de tout temps, en toutes circonstances, son père a été adulé. Il a été gâté, choyé et par sa femme et par ses deux parents. Elle-même, d'ailleurs, a toujours pris soin de ne jamais être un poids. À ses yeux, c'est un héros, auréolé de toutes les qualités, qui a assurément mérité ce traitement, ces attentions. Pas comme elle. Ni ses parents ni ses grands-parents paternels ne se sont souciés d'elle. En ce qui concerne ses grands-parents maternels, la seule chose qu'elle sait, c'est que leur mariage a été arrangé. Cela ne les a pas empêchés d'avoir de nombreux enfants, mais elle n'est pas certaine qu'ils aient été heureux ensemble. Aujourd'hui, ils sont morts tous les deux. Elle ne connaît pas bien ses oncles et tantes.

Yolaine ne comprend pas pourquoi la thérapeute s'intéresse tant à sa famille. Elle aborde la nouvelle séance dans une indifférence affichée. Elle attend. Elle n'est plus du tout sûre de sa démarche.

Au cours d'un travail thérapeutique, il n'est pas rare que le patient refuse d'aller plus avant, résiste. Il préfère parfois le confort d'une situation peu satisfaisante mais familière à l'inconfort d'une promesse d'amélioration pourtant certaine. Il craint de basculer dans un inconnu vertigineux.

Difficile pour Yolaine de remettre en question son couple car, au moins, c'est un couple. Sa cousine a-t-elle eu raison d'insister, de l'avoir convaincue d'être là ? Bernard, après tout, n'est certainement pas pire que les autres. Elle a peut-être eu tort de s'affoler. Avec le temps, sans doute, les choses se seraient arrangées d'elles-mêmes. Mais maintenant qu'elle a enclenché cette démarche, elle se sent obligée d'aller au bout, ou alors de tout arrêter séance tenante.

La thérapeute ne se laisse pas freiner par la frilosité de sa patiente. À vrai dire, elle n'est pas étonnée. Elle revient sur les parents de Yolaine. Elle s'étonne du consensus qui semble s'être établi entre eux. Comment comprendre cette mère qui désirait une ribambelle d'enfants et qui a abandonné si facilement ? Comment comprendre ce père qui a accepté que sa femme se sacrifie pour lui ? Que lui a-t-il donné en retour ? À la séance dernière, Yolaine a souligné

163

que son père avait été très aimé, que ses parents avaient tout fait pour lui, que sa femme passait son temps à satisfaire ses quatre volontés, et même à anticiper ses désirs. Ce père n'était-il pas un enfant trop gâté, un enfant roi, un tyran ? Yolaine sursaute. Elle sort de la passivité dans laquelle elle s'était installée. Elle aime son père, elle n'a aucune envie d'entendre ça. Personne n'a jamais osé de telles critiques. Comment la thérapeute se permet-elle de remettre en question un homme dont la vie entière a été consacrée à sauver celle des autres ?

La thérapeute en convient. Son père est un homme exceptionnel, d'une grande compétence, indispensable à ses patients. D'ailleurs, Yolaine a certainement des anecdotes d'enfance à raconter, des moments rares avec ce père qui sort de l'ordinaire. Yolaine veut se rappeler à tout prix. Rien. Aucun souvenir, aucune anecdote. Peut-être qu'il lui sera plus facile de retrouver dans sa mémoire des instants forts ou émouvants partagés en famille ? Les yeux de Yolaine brillent. Le jour de la remise des prix, à la fin du collège, ils étaient là tous les deux, ils étaient fiers d'elle.

La thérapeute sourit. Elle reste silencieuse.

Yolaine cherche d'autres images. Elle malmène sa mémoire. Dans le fond, elle n'est pas dupe. Elle sait qu'il n'y a rien d'autre, qu'elle s'est longtemps raccrochée à ce souvenir pour se rassurer. Elle est soudain face au vide. Elle confie sa détresse à la thérapeute. Pour la première fois, elle sent qu'elle a vraiment besoin d'être aidée.

La thérapeute et Yolaine passeront toute la séance à approcher et à comprendre cette sensation de vertige, de vide. Elle se réfère à la solitude que Yolaine semble connaître depuis sa tendre enfance, face à un couple de parents très occupés ; la mère, à balayer tout obstacle qui pourrait nuire à la carrière de son mari, le père, à grimper toujours plus haut dans sa recherche d'excellence.

Les défenses de Yolaine cèdent. Elle pleure. Trente ans de larmes.

La thérapeute se tait. Elle est le témoin de ces larmes longtemps retenues, témoin précieux qui a manqué dans l'enfance de Yolaine.

Certains patients doutent de la véracité de ce qu'ils ressentent, de ce qu'ils ont vécu autrefois. Le plus souvent il leur a manqué, dans l'enfance, un témoin secourable qui aurait pu mettre en doute une construction erronée. Il peut s'agir de n'importe qui, d'une personne qui n'a même pas conscience de son rôle, mais qui, par ses perceptions, ses actes, ses paroles, permet à l'enfant d'entrevoir une autre réalité que celle qu'il voulait voir à tout prix. Le thérapeute, même s'il intervient longtemps après le temps blessé de l'enfant, a valeur symbolique de témoin.

Le rendez-vous prend fin. Yolaine, à ce jour, s'engage différemment dans ce travail transgénérationnel. Elle sent qu'elle n'a plus rien à perdre, qu'elle ne peut plus revenir en arrière. Comme si le temps avait enfin repris, s'était remis en route. Yolaine sait également que le cheminement sera long mais, cette fois-ci, elle se sait accompagnée par une personne soucieuse de son bien-être. Quelqu'un capable de discerner, le bon, le mauvais, de revisiter avec bienveillance son histoire de vie.

Ce matin-là, c'est une autre Yolaine qui se présente à la porte. Sa tenue est soignée, elle semble avoir perdu du poids. La thérapeute la complimente sur son allure, son entrain.

Yolaine acquiesce. Elle est heureuse d'être ici. Elle a hâte de se raconter. Le premier choc est passé, maintenant elle veut comprendre. Ses parents, c'est vrai, ne se préoccupaient que l'un de l'autre. Elle y a beaucoup repensé et la remarque de la thérapeute sur les éventuelles frustrations de sa mère l'a déstabilisée. Enfant, et jusqu'à peu, elle a toujours considéré le couple de ses parents comme un couple harmonieux, équilibré. Il lui paraissait normal que sa mère consacre sa vie et son énergie à la réussite de son père, puisque lui-même se dévoue à une cause humaniste, qui justifie tous les sacrifices. Aujourd'hui, elle s'autorise à voir sa mère autrement. Celle-ci en a peut-être trop fait ? Certains amis de son père connaissent aussi une réussite brillante et n'ont pas pour autant des femmes qui sont restées dans l'ombre. Au contraire. Elle pense plus particulièrement à l'une d'entre elles qui a fait carrière dans la politique et dont le couple ne s'en est aucunement ressenti. Qu'est-ce qui a bien pu pousser sa mère à faire de la carrière de son mari son seul et unique projet, au détriment de tous les siens ?

La thérapeute revient sur cette idée que le couple est constitué de deux partenaires. Chacun accepte un rôle, une position. Chacun est responsable, consciemment ou inconsciemment, de cette distribution. Yolaine devrait réfléchir, avec elle, au couple de ses parents, aux raisons qui ont poussé chacun des deux partenaires à se satisfaire de ce subtil arrangement. Que donnent-ils à voir l'un et l'autre ? Quelles sont leurs revendications conscientes ? Que se jouet-il à leur insu ? Que répètent-ils inconsciemment de leur histoire familiale ?

Dans un travail thérapeutique, le patient découvre souvent, étonné et contrarié, comment, au cours de sa vie, il a pu reprendre à son compte des choix, des trajectoires, des modes de relation véhiculés dans sa famille. Le plus souvent, il l'a fait de façon totalement inconsciente mais, parfois, il sait qu'il répète sans pouvoir s'en empêcher. Il ne peut aller contre, c'est incoercible.

Yolaine accepte d'envisager le couple de ses parents à la lumière de ce qui a été dit. Un voile se déchire. Son père a toujours été impatient, colérique. Elle se souvient de scènes violentes. Comment a-t-elle pu si facilement les oublier ? Elle se souvient. Un soir, il les a emmenées au restaurant, elle et sa mère, pour célébrer son anniversaire. Ce qui aurait dû être une fête s'est avéré un cauchemar. Exaspéré par la lenteur du service, son père s'est levé et a jeté à terre le plat qui arrivait enfin. Puis, il est parti, sans explication, et elles ont suivi, honteuses. D'autres scènes lui reviennent en mémoire, des scènes où le père est odieux, humiliant, violent. Yolaine cherche plus loin dans ses souvenirs. Quand elle avait huit ans, environ, une des sœurs de sa mère, sa tante Marie, lui a posé des questions. Elle a essayé d'en savoir plus sur son père, sur la façon dont il se comportait avec sa mère. Elle s'inquiétait, elle le trouvait très dur. Elle voulait savoir s'il lui arrivait de la frapper. Yolaine se souvient qu'elle s'est sentie oppressée par les sous-entendus de sa tante. Elle a serré les poings et s'est juré de ne rien dire, de ne lâcher aucune information. Elle a craint de trahir son père si elle parlait. Qu'on l'accuse à cause d'elle. Elle s'est tue. Yolaine pense que c'est sans doute à ce moment-là qu'elle a fermé les yeux, faussé à tout jamais la perception de ce qu'elle voyait, de ce qu'elle entendait. Quand elle pense à sa mère, Yolaine se rappelle que celle-ci restait impassible en toute situation. Elle laissait son mari monter, déborder, puis, comme par magie et le plus calmement du monde, elle lui enjoignait de se ressaisir. D'une voix froide, cinglante, que Yolaine ne reconnaissait jamais. C'est bizarre, ces images qui reviennent, et cette précision jusque dans les moindres détails.

La thérapeute en convient. Les souvenirs que l'on croyait enfouis, lorsqu'ils se font jour, surgissent intacts, comme s'ils avaient défié le temps. Comment peut-elle expliquer que les crises de son père puissent être circonscrites d'une manière si efficace par une mère si discrète, assujettie ? D'où sa mère tient-elle cet ascendant puissant sur son mari ?

Yolaine confie son désarroi. Elle a l'impression de ne plus pouvoir avancer, comme si le voile avait été à nouveau jeté sur le couple de ses parents.

La thérapeute intervient. Cette tante Marie, qui semblait bien curieuse, est-elle encore vivante ?

Yolaine répond que sa tante est âgée, qu'elle vit seule dans le sud de la France et qu'elle ne l'a pas vue depuis longtemps. Elle et sa mère ne se sont jamais entendues. Sa tante Marie s'intéresse de très près aux histoires de famille tandis que sa mère, elle, a plutôt choisi de leur tourner le dos.

La thérapeute suggère à Yolaine qu'il serait sans doute profitable d'en savoir un peu plus.

Toutes ces petites histoires que chaque famille raconte, même mensongères ou apparemment anodines, en disent long sur ce qui s'y trame, sur les manières d'être de chacun, les peurs, les certitudes, les amitiés et les inimitiés. Elles suintent à travers les générations, et dénoncent plus que les faits eux-mêmes.

Yolaine pourrait rencontrer cette tante ou, pourquoi pas, quelqu'un d'autre de sa famille ? Après tout, les frères et sœurs de sa mère sont nombreux. Ils lui donneront peut-être des informations pertinentes. Il est clair que son choix amoureux a à voir avec des modèles familiaux.

Yolaine revient trois semaines plus tard. Elle a l'air mal en point. Elle se plaint d'être fatiguée, vidée. Elle a bien vu sa tante mais elle a cru qu'elle n'y arriverait jamais. Il lui a été difficile de trouver sa maison, car sa tante vit recluse, à l'abri du monde. Cette dame âgée a parlé, parlé, sans qu'elle ait pu la retenir. Elle a trop parlé. Ce que Yolaine a appris est terrible. Elle s'est sentie si mal, si perdue qu'elle a décidé d'aller voir un des frères aînés de sa mère, taciturne, mais apprécié, lui, pour son sérieux. Au moins, il ne bavarderait pas pour le plaisir. Et, justement, il a confirmé. Il n'a rien expliqué, rien ajouté, il a juste corroboré.

La thérapeute réconforte Yolaine. Interroger son oncle et sa tante semble avoir été difficile. Pourquoi ? A-t-elle été perturbée d'entendre un autre point de vue ? Ou a-t-elle eu connaissance de faits nouveaux qui l'ont choquée ?

Yolaine éclate en sanglots. Sa mère a vécu des choses terribles. Elle a toujours su que ses grands-parents maternels avaient fait un mariage de raison, mais elle n'avait aucun détail. Son grand-père était d'une famille bourgeoise, désargentée. Sa grand-mère était issue d'une famille plus modeste mais qui avait du bien. Son grand-père était un bon à rien, colérique. Sa grand-mère était jeune et docile. Elle n'avait qu'un seul défaut, elle était disgracieuse, avec un pied bot. Le mariage est tombé sous le sens. La tante Marie a déversé une kyrielle d'horreurs. Ce grand-père s'est acharné sur sa femme. Cette dernière a été humiliée, injuriée, battue. Seules les grossesses la mettaient à l'abri. Ses enfants souffraient de la voir ainsi maltraitée mais, toutes les fois où ils voulaient dénoncer, elle opposait : « Il en est de plus malheureux. » Toute sa vie, elle a fait le choix de se taire, de ne pas ébruiter sa souffrance. « On est une famille respectable, on doit donner l'exemple », disait-elle. Yolaine a été meurtrie, elle s'est sentie salie par ces confidences. Et son oncle n'en a infirmé aucune. Pourquoi sa mère n'a-t-elle jamais rien dit de tout cela ?

La thérapeute remarque que Yolaine, elle aussi, a longtemps tu les accès de violence de son père, au point même de refaire l'histoire et de le glorifier. Si sa mère a bien entendu la leçon de sa propre mère – « on est une famille respectable, on doit donner l'exemple » –, Yolaine a elle aussi respecté la loi du silence. La leçon aurait-elle traversé les générations ?

Yolaine se demande comment faire vis-à-vis de sa mère. Doit-elle montrer qu'elle sait ou bien se comporter comme si de rien n'était ? Il lui paraît impossible de faire semblant mais elle craint de blesser sa mère si elle lui parle. À sa prochaine visite, doit-elle évoquer sa journée chez la tante Marie ? Peut-être que sa mère se saisira de l'occasion pour s'exprimer ? Mais si elle ne le fait pas ? Yolaine osera-t-elle se montrer indiscrète, la pousser dans ses retranchements ?

La thérapeute réagit sur le terme : est-il vraiment question d'« indiscrétion » lorsqu'un adulte questionne un autre adulte ? Yolaine n'est plus une enfant. Quant à sa mère, elle a le choix de répondre ou non.

Yolaine se souvient que, enfant, elle a questionné sa mère sur ses grands-parents maternels, qu'elle n'a jamais connus. Sa mère a éludé ses questions, sur un ton qui ne lui a laissé aucun droit d'y revenir. Le même ton avec lequel elle répétait : « On ne doit pas se donner en spectacle. » Le même ton avec lequel elle stoppait les emportements de son père.

Yolaine se rend à la séance suivante pleine de colère. D'emblée, elle s'en prend à la thérapeute. Elle était plus heureuse avant. À quoi ça sert, toutes ces histoires ? Avoir questionné sa tante lui a déjà été très pénible. Avec ce que sa mère vient de lui dire, elle a le sentiment que son monde s'écroule. Tous les couples, maintenant, lui paraissent voués à l'échec. Les femmes de sa famille ont enduré le pire, les hommes sont veules, brutaux. D'ailleurs, Bernard a recommencé avec ses mauvais traitements. Il l'humilie, il lui reproche d'avoir changé, d'écouter trop sa cousine. Il la soupçonne de faire des choses dans son dos, d'avoir une vie à elle.

La thérapeute questionne Yolaine. Sa colère a-t-elle à voir avec ce qui s'est dit avec sa mère ? Que lui a-t-elle appris ?

Yolaine a perdu toute mesure. Qu'est-ce qu'elle a eu besoin d'aller poser toutes ces questions ? Sa rencontre avec sa tante Marie l'a mise face à l'enfance malheureuse de sa mère. Sa mère maintenant vient de lui démolir son père. Au lieu d'expliquer son silence, sa réticence à évoquer son passé, sa mère lui a jeté son père à la figure. Il est lâche, ingrat. Un sale type. S'il a réussi, c'est bien grâce à elle, et en retour il la trompe. En dépit de ses trahisons de toutes sortes, son père sauve des vies et, pour sa mère, cela pardonne tout. En tout cas, c'est ce qu'elle lui a dit. Il ne faut pas que sa réputation soit salie, car cela aurait entravé sa mission.

La thérapeute fait remarquer à Yolaine que son père a gagné en humanité. Il n'est plus sur un piédestal, distant et inatteignable. Il est un homme, son père, face à une femme, sa mère, et les deux se sont satisfaits de ce contrat-là. La mère se sacrifie pour une grande cause, la grand-mère maternelle pour préserver l'image de la famille, «donner l'exemple». Et Yolaine, pour quelle cause se sacrifie-t-elle?

Yolaine fait à nouveau face au vide. Elle ne défend aucune cause.

La thérapeute lui suggère que peut-être, à son insu, elle reproduit le modèle de couple qui a cours dans sa famille maternelle.

Yolaine soupire. Elle entrevoit ce que la thérapeute veut lui faire entendre. Sa rencontre, sa passion, son couple avec Bernard qui lui semblait unique au monde, est en fait une histoire qui se nourrit de celles de la famille. Une histoire qu'on pourrait presque penser prédictible. Elle est abasourdie.

La thérapeute rassure Yolaine. Si le passé familial pèse parfois lourd, il n'est pas une fatalité. Il est évidemment manifeste que le couple de ses grands-parents maternels a largement influencé le comportement de sa mère au sein de son propre couple. Et que dans cette famille, la notion de sacrifice a été érigée en valeur. Il est tout aussi manifeste que cette même valeur a eu également cours dans le couple de ses grands-parents paternels, puisqu'ils ont tout donné à leur fils, le père de Yolaine. Néanmoins, Yolaine peut décider autrement de sa vie.

Yolaine acquiesce. Elle commence à se faire à toutes ces idées nouvelles pour elle.

La thérapeute ajoute que le sacrifice cache en fait un mode de fonctionnement beaucoup plus subtil. Une relation complexe dans laquelle celui qui se sacrifie n'est pas toujours celui auquel on pense. Ou, tout au moins, pas tout le temps.

Cette conversation de fond reprendra quelques semaines plus tard, sur un mode plus délié.

Yolaine a repensé le couple de ses parents autrement. Encore une fois, elle a revu les différents épisodes de son enfance, où son père criait, ordonnait, s'emportait violemment. Elle revoit par les tristesses de sa mère, ses airs dignes de femme blessée, ses paroles amères éternellement ressassées. Mais elle se rappelle qu'à l'adolescence, quand elle a voulu prendre parti pour elle, sa mère l'a toujours repoussée. Comme si elle ne voulait pas sortir de son rôle, comme si elle s'y complaisait. Sous ses airs de victime, elle ne s'en sortait donc pas si mal ? À sa manière, c'était peut-être elle qui tenait les rênes ? Quand son père se montrait tyrannique, c'était toujours sa mère qui avait le dernier mot. Ce que Yolaine n'arrive pas à comprendre, c'est pourquoi ses parents, malgré leurs scènes répétées, sont encore ensemble aujourd'hui. Si son père a une liaison, pourquoi ne quitte-t-il pas sa femme ? Si sa mère souffre dans son couple, pourquoi ne quitte-t-elle pas son mari ?

La thérapeute remarque que les parents de Yolaine forment un couple solidement arrimé autour d'un dysfonctionnement bien huilé. Si sa mère est une victime, il y a nécessairement un bourreau.

Yolaine se racle la gorge. De là à penser qu'il s'agit du père...

La thérapeute continue. Dans les couples bourreau-victime, les rôles s'interchangent de façon pas toujours visible. Peut-être que la mère de Yolaine a des arguments chocs pour retenir le père ? N'aurait-il pas autre chose à se reprocher qui puisse être encore plus préjudiciable à sa réputation et à sa carrière ?

Yolaine accepte difficilement cette nouvelle mise en cause de son père. Si toutes ces hypothèses sont justes, qu'est-ce que sa mère gagne à rester ? Si son père est un si vilain personnage, pourquoi sa mère tient-elle tant à son couple ?

La thérapeute répond que c'est peut-être le prix à payer pour être la femme d'un notable, dans la petite ville qu'ils habitent. Cela ne résonne-t-il pas avec le couple de ses grands-parents maternels ?

Yolaine est interloquée. Elle se souvient de ce que la tante Marie a dit. Elle comprend que si son grand-père n'a jamais quitté sa femme, c'est parce qu'il dépendait de son bien, qu'il a d'ailleurs dilapidé. De même que sa grand-mère taisait les mauvais traitements de son mari pour préserver le nom de famille prestigieux qu'elle et ses enfants portaient grâce à lui. C'est sans doute pour cela que c'était un devoir pour elle de donner l'exemple. Soudain, Yolaine a le souffle court. Si tous les couples fonctionnent sur le mode du donnant-donnant, qu'en est-il du sien ?

Les semaines suivantes ont été perturbantes pour Yolaine. Elle a beaucoup réfléchi sur sa relation avec Bernard et elle entame la séance avec une réelle impatience. Elle sent bien qu'elle touche au cœur du problème, et que le dénouement est proche. Finalement, elle n'a jamais voulu ressembler à sa mère, son père a été un modèle beaucoup plus attrayant. À défaut d'être un héros comme lui, elle a au moins investi le domaine du soin : il est chirurgien, elle est infirmière. D'ailleurs, ce qu'elle a tout de suite aimé chez Bernard, c'est son côté fragile, ses doutes, ses blessures. Sans doute son sentiment amoureux s'est-il même nourri du fantasme de le réparer, de le soigner, de le sauver ? Il l'a émue par sa sincérité et son absence d'orgueil. Il ne lui a pas caché ses insuccès avec les femmes, qu'il choisissait toujours sublimes, éblouissantes, mais qui le rejetaient. Au contraire de ces femmes, elle a immédiatement su l'accueillir. Elle l'a écouté, cajolé. Auprès de lui elle s'est sentie utile, elle existait enfin. Ce qu'elle n'a pas su prévoir, c'est ce curieux tour que leur relation a pris, rapidement. Apparemment, les choses se passaient toujours bien, de façon presque ritualisée. Bernard rentrait du bureau peu de temps après elle. Il s'asseyait devant le journal télévisé. Elle avait fait les courses, et préparait avec plaisir le dîner. À table, ils échangeaient leurs impressions sur la journée, elle l'encourageait, le rassurait. Elle lui donnait son avis et, très souvent, des conseils judicieux pour améliorer les relations difficiles qu'il avait avec son patron. Bernard était inquiet, mal à

175

l'aise, et elle seule savait calmer ses peurs. Leurs soirées étaient en général agréables. Mais au moment d'entrer dans la chambre, il se souvenait toujours de quelque chose à terminer ou de mails urgents à envoyer. La plupart du temps, elle s'endormait avant qu'il ne la rejoigne. Les soirs où elle restait éveillée, où elle avait réussi à l'attendre, il la décevait, inévitablement. Et sa déception est allée crescendo, avec le temps. Il se faisait prier, il manquait d'enthousiasme, il lui faisait l'amour sans conviction. Quand il y arrivait ! Elle s'est montrée compréhensive, mais très vite il lui a reproché d'être la cause de ses pannes. Elle n'était « pas sexy, pas désirable ». Elle ne savait pas s'y prendre, elle se laissait aller. Puis ses phrases sont devenues dures, grossières, insultantes : elle était « carrément moche, obèse, débandante ».

La thérapeute reçoit le long réquisitoire de Yolaine, sans l'interrompre. Celle-ci ne s'arrête plus et raconte sans retenue ce qu'elle a enduré. Les mots sales, les violences verbales, les mauvais traitements. Des choses qu'elle n'a jamais osé dire à personne, pas même à sa cousine. Peu à peu, grâce à l'écoute empathique dont elle bénéficie, Yolaine vide son sac et la honte se dégonfle. La thérapeute atteste que Yolaine a subi de réels préjudices. D'une certaine façon, son couple a certainement beaucoup à voir avec ceux de ses parents et de ses grands-parents. À l'instar des hommes de cette famille, Bernard s'est glissé dans la place du bourreau, face à Yolaine inscrite, elle, dans une place de victime, à l'image des femmes de sa famille.

Yolaine est silencieuse.

La thérapeute reprend. Elle interroge Yolaine sur la

famille de son mari. Que sait-elle qui pourrait éclairer le comportement de Bernard ?

Yolaine est de nouveau dans les excuses : Bernard est bien à plaindre, son enfance a été terrible. Un père dur, autoritaire, sans aucun égard pour son fils qu'il jugeait faible, bon à rien. Il a voulu lui apprendre la vie, lui montrer ce qu'est un homme. Les coups et les punitions humiliantes pleuvaient. Une mère effacée, qui ne s'est jamais interposée entre le père et le fils. Il paraît que le grand-père paternel était plus violent encore que le père, et quand Bernard allait en vacances chez ses grands-parents, les brimades allaient bon train.

La thérapeute en convient : Bernard a souffert. Lui aussi a été une victime au cours de son enfance et son adolescence. Cela ne l'a pourtant pas empêché de se poser en bourreau à l'égard de Yolaine. Il semble bien que les rôles, dans ce jeu relationnel bourreau-victime, ne soient pas distribués une fois pour toutes. Et elle, Yolaine, a-t-elle toujours été du côté des victimes ? Ne lui est-il jamais arrivé, parfois, de faire souffrir un autre ?

Yolaine baisse la tête. D'une voix hésitante, elle reconnaît qu'elle a, à maintes reprises, ricané de Bernard. Au début, elle a pensé le guérir, lui redonner l'envie, le désir. Elle était sûre qu'elle allait réussir. Elle a échoué. Alors, à son tour, elle l'humilie, le blesse, l'abaisse. Elle se moque devant tout le monde de son manque de virilité, de son impuissance. Elle en rit avec leurs amis. Elle sait que dans ces moments-là, elle le tient, elle le supplicie. Elle n'est pas fière de ce qu'elle s'entend dire.

La thérapeute s'arrête sur la gêne de Yolaine. Pourquoi celle-ci semble-t-elle plus honteuse que lorsqu'elle évoquait les sévices infligés par Bernard ? Pense-t-elle que celui-ci est le perdant du couple ? Pense-t-elle lui en avoir infligé plus qu'il ne lui en a infligé ? Se sent-elle en dette vis-à-vis de lui ? Est-ce pour cela qu'elle tolère encore ses injures ? Bernard l'accable dans leur vie privée, Yolaine l'accable dans leur vie publique. Et plus l'un accable l'autre, plus l'autre se sent légitimé pour surréagir. Ne s'agit-il pas là d'un jeu sans fin, d'une surenchère en cercle vicieux ?

Il faudra plusieurs séances à Yolaine pour démonter un jeu de couple parfaitement rodé. Comme sa mère, Yolaine se laisse accabler dans l'intimité : sa mère ne s'est-elle pas sacrifiée, dans l'ombre, pour que son mari accède à une réussite éclatante ? Comme son père, Yolaine est capable d'accabler, de prendre son mari en otage, en public : son père ne faisait-il pas subir à sa femme et à sa fille des esclandres retentissants ? Et dans ce jeu raffiné, la mère ne détenait-elle pas un pouvoir à la hauteur de celui du mari, puisque c'était elle qui avait toujours le dernier mot ? Yolaine comprendra que dans son couple, tout s'est passé comme si les deux partenaires s'étaient glissés dans des places déjà attribuées, du fait des empreintes familiales, des modèles de couple transmis à travers les générations.

Il y a maintenant plusieurs années que Yolaine a bouclé sa thérapie transgénérationnelle. Elle a compris ce qui l'a attirée chez Bernard, dès leur première rencontre. Quelque chose de familier, qu'ils ont immédiatement reconnu, à leur insu, et qui était véhiculé de génération en génération. Bernard et elle se sont choisis comme des partenaires idéalement faits l'un pour l'autre, au regard de leurs histoires familiales respectives.

Yolaine a démonté le jeu de couple bourreau-victime, infernal, dans lequel l'un et l'autre ont été embarqués malgré eux, là où ils auraient pu l'un comme l'autre refuser de surenchérir. Elle a eu besoin de temps pour trahir les modèles familiaux, s'en affranchir, et affirmer ce qui lui revenait en propre. Des choix, des désirs, des actes. Elle a convaincu Bernard de l'intérêt d'une thérapie de couple pour qu'ils décident, ensemble, de ce qu'ils devaient faire. Bernard et elle ont donc engagé cette démarche commune qui les a aidés à faire le choix de se séparer.

Bernard a ensuite entrepris un travail transgénérationnel avec un thérapeute. Il lui a semblé ainsi plus facile d'évoquer ses difficultés sexuelles. Il a compris que les femmes ravissantes, insaisissables derrière lesquelles il avait longtemps couru ne pouvaient que lui échapper. D'une certaine manière, ces échecs répétés le contentaient car ils le protégeaient d'une proximité dangereuse avec elles. En fait, il craignait les femmes. Il était même terrorisé par elles. Un véritable « bon à rien », selon les mots de son père.

Avec Yolaine, cela avait été différent. Ses imperfections physiques la rendaient accessible. Avec elle, il avait des chances de réussir. Et dans le cas où il aurait échoué, il pouvait toujours prétexter que c'était elle qui n'était pas attirante, pas désirable, que c'était de sa faute à elle. Ce comportement d'échec, inscrit dans sa vie amoureuse, se manifestait également dans sa vie sociale et professionnelle. Il était tétanisé par la hiérarchie. Il avait toujours peur de ses supérieurs comme il avait peur de son père, et il s'empêchait toute initiative.

Sa thérapie a révélé un sentiment de loyauté exigeant vis-à-vis d'une lignée d'hommes tyrans : le grand-père avec le père, le père avec Bernard et Bernard avec sa femme, à défaut d'un enfant à martyriser.

Bernard a pu affronter la violence de son père et abandonner un comportement excessif et violent, dont il croyait qu'il ferait de lui un homme. Depuis, il a refait sa vie, il est en couple et il envisage de fonder une famille. Il a acquis une confiance en lui suffisante pour lui permettre, également, de s'affirmer dans son travail.

Pour Yolaine, le cheminement a été plus long, douloureux. Au moment où elle se séparait de Bernard, sa mère s'est confiée à elle de façon totalement impudique. Elle lui a raconté comment son père avait eu de nombreuses maîtresses, comment il s'était organisé une vie parallèle scandaleuse, dans sa clinique. Une vie de débauche, qu'elle n'hésiterait pas à ébruiter s'il lui prenait l'envie, un jour, de se débarrasser d'elle. Il tenait à sa clinique, elle tenait à son statut de femme de notable. C'était leur marché tacite, ils faisaient couple autour de cela.

Yolaine a été meurtrie par ces révélations. Elle a fait une seconde rencontre amoureuse, ingrate, comme pour vérifier, une fois de plus, la dynamique destructrice du couple bourreau-victime. Comme s'il lui avait fallu ce nouveau rendez-vous pour s'extraire enfin du mode de fonctionnement familial. En effet, dans sa famille, les couples se grippent autour d'un rapport de force qui unit les deux partenaires, jusqu'à la mort. C'est cette nouvelle histoire

180

amoureuse, paroxystique, qui lui a permis de se désengager d'un seul coup de sa trajectoire de victime, refusant ainsi de prolonger la chaîne familiale.

Actuellement, Yolaine est heureuse. Elle est mariée à un homme attentif et généreux, qui sait prendre soin d'elle. Elle a repris confiance dans son corps de femme. Elle s'autorise enfin à aimer et elle accepte d'être aimée. Elle vient d'envoyer un faire-part de naissance à sa thérapeute.

La loyauté à travers les générations

La loyauté est une notion familière qui renvoie au fait de tenir ses engagements, d'y être fidèle. Dans le langage transgénérationnel, la loyauté évoque cette faculté de se référer aveuglément à des valeurs, à des déterminants du groupe familial. Ce concept, incontournable en thérapie familiale, se rapproche de la notion de répétition, communément utilisée en thérapie individuelle. Ces deux manières de voir se réfèrent à un même constat : la personne ne se reconnaît pas dans des comportements et dans des actes qu'elle répète encore et toujours, jusqu'à parfois se sentir étrangère à elle-même, et pourtant elle ne peut s'y soustraire. Le thérapeute transgénérationnel, au-delà de son obligation d'aborder avec son patient ce mécanisme de répétition sur un plan individuel, doit en élargir la compréhension à l'histoire familiale, parfois sur plusieurs générations. Valeurs, croyances, événements clés, traumas sont de forts déterminants dans les comportements de répétition. Il en est ainsi, par exemple, des violences répétées aveuglément à l'intérieur d'un couple, qui gagnent à être éclairées par les violences qui ont pu se jouer dans les générations précédentes.

Si cette mise en lumière révèle bien souvent un modèle de couple prégnant, auquel la personne se réfère inconsciemment, en aucun cas elle ne doit servir à justifier ces comportements ou à considérer qu'ils sont prédéterminés. Débusquer, avec le patient, une loyauté masquée, invisible, est toujours un levier thérapeutique puissant pour permettre à l'individu de s'affranchir de ses répétitions.

La thérapie de couple

Dans une thérapie de couple, le travail est centré sur le comment : comment le couple en est-il arrivé là et comment peut-il s'en sortir ? Contrairement aux idées reçues, le thérapeute de couple ne cherche pas un responsable. Il considère l'interaction entre les deux partenaires, la façon dont ensemble ils fonctionnent ou dysfonctionnent. Quelles difficultés rencontrent-ils ensemble ? Quel est leur mode de communication privilégié ? Il se doit de rester vigilant à ne prendre parti ni pour l'un ni pour l'autre, ni même à être pris en otage par le couple. Ainsi, le thérapeute aborde le couple comme une entité globale, compétente, capable de définir son problème et de le résoudre. Même si la solution consiste en une séparation. Mais c'est le couple seul qui décide.

7

Pauline, un amour maternel dévastateur

Pauline est arrivée en avance à son rendez-vous. Ses premiers mots sont désordonnés, agités. Elle ne prend pas le temps de s'installer confortablement. Elle veut être écoutée, donner les informations pertinentes. C'est son acupuncteur qui lui a recommandé cette adresse d'analyste transgénérationnelle. Elle a déjà un long parcours psychothérapeutique derrière elle mais, depuis deux ou trois ans, elle se sent à nouveau anormalement tendue. Sa relation avec sa mère est épouvantable. Elle redoute d'en arriver là avec sa propre fille. C'est pourtant ce qui semble se dessiner. Romane a cinq ans, elle lui refuse tout. Dès qu'elle l'approche, tente de l'embrasser, de la prendre sur ses genoux, ce sont des cris, des scènes à n'en plus finir. Ce qui l'inquiète, c'est que Romane a les mêmes mouvements de recul qu'elle-même avait avec sa propre mère. D'ailleurs, rien ne sert de tergiverser : elle déteste sa mère. Elle ne lui pardonnera jamais de lui avoir tu si longtemps l'identité de son vrai père. Enfant, elle sentait bien qu'elle n'avait rien à voir avec celui qui l'a élevée. Un type retors, manipulateur, alors que l'autre, le vrai, est un homme cultivé et raffiné.

D'une voix douce mais ferme, la thérapeute dit à Pauline de s'asseoir plus à l'aise et de prendre le temps de revenir calmement sur ce qui a motivé son rendez-vous.

Pauline fait craquer ses phalanges. Lentement. Les unes après les autres. Elle évoque sa psychanalyse qui a duré de nombreuses années. Elle s'est crue « guérie » de sa mère grâce à cette démarche, mais elle sent bien aujourd'hui qu'il n'en est rien. D'ailleurs, toutes les fois qu'elle parle de sa mère, son ton la déborde. Sa mère est une sacrée menteuse. Avoir caché la vérité sur son père, avec un tel aplomb ! Cette mère qui ne s'est jamais occupée ni d'elle ni de sa sœur, et qui en plus malmenait sa propre mère, pourtant si dévouée. Elle la traitait comme une bonne à tout faire et la surchargeait de tâches, toutes plus ingrates les unes que les autres. Pauline voudrait oublier tout cela. Elle voudrait se la sortir de la tête, avoir la paix. Être en paix avec elle-même. Elle voudrait, aussi, que les choses s'arrangent avec sa fille Romane. Elle sent bien qu'elle rejoue quelque chose. Voilà. C'est pour cela qu'elle est là.

Il arrive que les demandes des patients expriment un mal-être diffus, comme s'ils savaient ce dont ils souffrent sans le savoir vraiment. Dans le cas des relations mère-fille complexes, les filles, à leur insu, se calquent volontiers sur un modèle maternel prégnant dans la famille. Elles refusent violemment de le reconnaître et pourtant il leur est impossible de ne pas se référer à la relation qu'elles ont eue avec leurs mères. Tout se passe comme si elles avaient peur de les trahir. Comme si ces mères, à chaque génération, avaient exercé une sorte d'emprise sur leurs filles. Certaines femmes ont beau avoir subi, souffert de ce lien maternel toxique, avoir parfois passé leur vie entière à s'en plaindre, elles l'ont pourtant fidèlement reproduit. D'où les interrogations de Pauline sur son lien avec sa fille et sa curieuse sensation que cela a peut-être à voir avec sa mère.

La thérapeute lui demande si elle a déjà entendu parler de l'approche transgénérationnelle. Sait-elle en quoi consiste ce type de travail ?

Pauline renchérit aussitôt. Elle sait exactement pourquoi elle est là. Elle a entendu une émission passionnante. Elle veut tenter cette investigation sur la famille. Dès que possible.

Elles conviennent d'un premier rendez-vous dans la semaine.

À peine entrée dans la pièce, Pauline repère le paperboard. Elle attrape un marqueur et entreprend fébrilement de schématiser sa famille. La thérapeute laisse faire. Il ressort immédiatement de cette production spontanée que les femmes de la branche maternelle dominent. Elles seules ont des prénoms. La mère s'appelle Angèle, la grand-mère Marie, l'arrière-grand-mère Marie-Martine. La branche paternelle, au-delà du père, n'est pas représentée. Les hommes sont quasi absents de cette représentation graphique. Ils figurent, mais sans le moindre renseignement, à l'exception du père biologique, Antoine, qu'elle a souligné d'un double trait appuyé, avec la mention « vrai père ».

La thérapeute fait remarquer à Pauline ces vides et ces pleins. Ce sont eux qui font la richesse de ce génogramme singulier. Elle lui demande néanmoins de prénommer les hommes pour pouvoir les évoquer plus commodément.

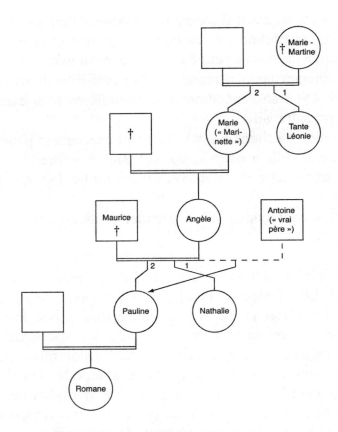

Génogramme de Pauline

Pauline s'en acquitte, tout en racontant. C'est seulement quelques jours avant son mariage qu'elle a appris la vérité sur ses origines. Sans aucun préliminaire, et sans la moindre délicatesse, sa mère, Angèle, lui a crié en pleine figure : «Ton père n'est pas ton père.» Passé le premier coup de cette révélation inattendue, elle a aussitôt accusé un deuxième choc. Son vrai père, c'était Antoine. Un ami proche de la famille, qu'elle a toujours aimé et admiré. Au départ, elle a plutôt été soulagée par les paroles de sa mère. Son père, l'autre, celui qui l'a élevée, était un bon à rien. Elle le méprisait. Mais elle n'a pas compris pourquoi sa mère avait gardé le silence si longtemps. Et ça, encore aujourd'hui, elle lui en garde une rancune éternelle. Sa mère a tenté de se justifier. Maurice, son mari, ne savait rien, et son vrai père Antoine était un homme reconnu. Pour ces deux raisons, Pauline devait garder le secret. Et surtout ne pas aller embêter Antoine, ni sa famille. Elle a passé outre les recommandations de sa mère et a provoqué un tête-à-tête avec Antoine. Elle rêvait de l'entendre dire : « Tu es ma fille » et d'établir avec lui un lien, même confidentiel, qui contrebalancerait la relation ingrate qu'elle avait eue avec celui dont elle portait le nom. Antoine l'a écoutée gentiment mais n'a rien voulu savoir. Il était possible qu'il soit son père mais il était également tout à fait possible qu'il ne le soit pas. Rien ne le garantissait car sa mère, à l'époque – ce n'était un secret pour personne –, multipliait les aventures extraconjugales. Lui aussi préconisait le silence. Ni sa femme ni sa fille, qu'elle connaissait, ne devaient avoir vent de leur conversation. Il n'était pas question de changer quoi que ce soit à la nature de leur relation. Mais si elle avait des ennuis financiers, elle pouvait compter sur lui. Pauline est partie écœurée. Aujourd'hui encore, et malgré son travail analytique, elle en garde la nausée. Il aurait pourtant suffi qu'il prononce une phrase, une seule – « tu es ma fille » –, pour qu'elle se sente à jamais apaisée. Il la lui a refusée.

La thérapeute veut en savoir davantage sur Antoine. Qu'est-ce que Pauline peut dire de lui ?

Antoine est un homme volage. Tout le monde le sait. Sa

femme doit le savoir aussi, mais apparemment elle a choisi de fermer les yeux. Il y a quelques années, elle a eu un grave accident de voiture qui l'a laissée handicapée. Pauline a entendu dire que c'est Antoine qui conduisait. Depuis, il est resté attentionné et présent, malgré ses infidélités. Quant à leur fille, elle n'a qu'une très vague idée de ce qu'elle est devenue. Elle croit qu'elle est mariée mais elle n'en est pas sûre.

La thérapeute émet l'idée qu'Antoine a contracté une dette à l'égard de sa femme. S'il conduisait, il est responsable du handicap de sa femme, et donc engagé à jamais avec elle. Elle est infirme, il se sent coupable, et il doit rester avec elle. Le contrat tacite peut être : madame ne voit rien des incartades de monsieur et monsieur a l'obligation de s'occuper d'elle. Dans ce montage subtil, il n'existe aucune place pour Pauline.

Au rendez-vous suivant, Pauline revient relativement rassérénée. Mais elle a hâte d'avancer plus, de mettre de l'ordre dans les informations qu'elle détient, et qu'elle ressasse depuis toutes ces années. Elle veut tout dire de son histoire mais elle a peur de ne pas se souvenir.

Sa mère tenait une librairie-papeterie. Elle travaillait beaucoup et elle n'était pratiquement jamais à la maison. Maurice, son mari, s'occupait de tout ce qui était administratif mais il passait le plus clair de son temps à la maison. Il avait toujours l'air occupé, absorbé dans ses lectures, mais en fait il surveillait, il épiait. Il ne perdait pas une miette de ses faits et gestes et de ceux de sa sœur Nathalie. La grand-mère, Marie, habitait avec eux. Elle s'occupait des courses, de la cuisine et du ménage pour soulager sa fille. Pauline adore cette grand-mère qu'elle a toujours appelée Marinette. Elle la considère comme une mère. Même si elle et sa sœur ont quitté la maison, Marinette habite toujours avec leur mère. Maurice est décédé depuis quelques années. Un cancer fulgurant. « Et, entre nous, ça n'a été une perte pour personne. »

La thérapeute s'étonne de la présence journalière de Maurice à la maison. La grand-mère n'était-elle pas là pour s'occuper des enfants ? La place de Maurice n'était-elle pas à la librairie, pour y traiter les affaires courantes, sélectionner les livres, et même les lire ? Était-il déjà malade ? Et pourquoi passait-il le plus clair de son temps à la surveiller elle et sa sœur Nathalie ?

Pauline est troublée. Quand elle pense à Maurice, elle éprouve immédiatement une étrange sensation de dégoût qu'elle ne peut expliquer. Elle n'a pas beaucoup de souvenirs de son enfance. Maurice n'était pas malade mais il trouvait toutes sortes de prétextes pour rester à la maison. Il avait besoin de calme pour lire. Il lui était impossible de faire sérieusement la comptabilité devant les clients. Marinette était fatiguée. Marinette n'était pas fiable. Pauline se souvient que lorsque sa mère avait besoin de lui au magasin, Maurice refusait toujours, se targuant d'être indispensable à la maison. À son grand désarroi, il obtenait gain de cause. Il restait avec elles trois. Elle se rappelle. Il était terriblement exigeant pour les devoirs. Elle et sa sœur étaient régulièrement punies, surtout Nathalie. Il leur fallait faire et refaire jusqu'à ce que ce soit parfait. Maurice était tout aussi exigeant sur l'hygiène. Elles devaient être propres, avoir les ongles bien coupés, les cheveux correctement coiffés. Il y veillait personnellement. Sa grand-mère, Marinette, était terrorisée par cet homme. Elle ne s'interposait jamais. Par contre, en cachette, elle consolait ses petites-filles avec de bons plats et des gâteaux.

La thérapeute s'étonne de la démission de la grand-mère. Et de celle de la mère.

Pauline confirme. Sa mère ne s'est jamais préoccupée ni d'elle ni de sa sœur. Elle a délégué tous les pouvoirs éducatifs à Maurice et elle se déchargeait des tâches ménagères sur Marinette. Celle-ci faisait tout pour contenter sa fille. Elle se laissait malmener, humilier, elle répondait à toutes ses exigences et à tous ses caprices. Ce spectacle était très douloureux pour Pauline qui ne comprenait pas la dureté de sa mère à l'égard de sa grand-mère.

La thérapeute souligne que toutes les relations se jouent entre des partenaires qui interagissent les uns avec les autres. Dans le cas de la mère et de la grand-mère de Pauline, il existe certainement entre elles deux un jeu implicite subtil. En effet, qu'est-ce qui oblige la grand-mère à accepter un tel traitement de la part de sa fille ? Et qu'est-ce qui autorise la fille à infliger un tel traitement à sa mère ?

Il est des relations où les filles font figure de quasi-tortionnaires auprès de leurs mères. Elles les transforment en bonnes à tout faire, en serpillières qu'elles tordent pour en tirer jusqu'à la dernière goutte. À la maltraitance criante, inférorisante, de certaines filles envers leurs mères, répond le pouvoir jouissif de ces mères qui tirent parti de l'humiliation subie pour enchaîner leurs filles à tout jamais, grâce à la culpabilité qu'elles entretiennent chez elles.

Pauline est intriguée par ce nouvel angle d'approche. Jusque-là, elle ne voyait que les humiliations que subissait sa grand-mère adorée. Elle ne s'est jamais posé la question de savoir pourquoi sa mère faisait cela, ni pourquoi sa grand-mère le tolérait.

La thérapeute s'étonne aussi du comportement étrange de Maurice. Est-elle vraiment sûre que Maurice ignorait que Pauline n'était pas sa fille ? Quel âge avaient Pauline et Nathalie quand il est mort ?

Si elle écoute sa mère, Maurice n'a jamais rien su de sa non-paternité. Pauline aurait aimé le lui crier sur tous les tons, mais elle a choisi de se taire pour préserver Marinette qu'il tyrannisait déjà volontiers. En effet, il s'en prenait régulièrement à sa belle-mère pour lui extorquer des informations sur l'emploi du temps et les fréquentations d'Angèle. Si Pauline avait parlé, Marinette aurait certainement payé pour les incartades de sa fille. Et autant elle se moquait de ce que Maurice pouvait faire subir à sa mère, autant elle s'inquiétait de ce qu'il aurait fait subir à Marinette. Quant à la mort de Maurice, elle et sa sœur l'ont vécue comme une délivrance. Il est mort après qu'elle a passé son bac. Nathalie, elle, terminait la fac.

Pauline lui a dit tout à l'heure que sa sœur était plus souvent punie. Maurice avait-il de bonnes raisons pour le faire ? Lesquelles ?

Pauline hésite. Elle a volontairement gommé tout ce qui concerne Maurice, ce sont de trop mauvais souvenirs. Elle a le sentiment, cependant, que sa sœur avait plus souvent affaire à lui. Il paraissait plus attentif, plus exigeant pour ses devoirs. Il passait plus de temps avec Nathalie. Il est vrai qu'elle était plus jeune, elle avait moins de travail. Sa sœur saurait mieux qu'elle, elle aurait certainement des choses à dire.

La thérapeute acquiesce. Nathalie accepterait-elle de

193

venir lors d'un prochain rendez-vous ? Sa participation pourrait s'avérer fructueuse pour y voir plus clair sur cette période d'enfance et d'adolescence.

Nathalie habite en province mais la prochaine fois qu'elle l'appellera, Pauline lui demandera si elle est d'accord pour venir. Elle n'a jamais parlé de son analyse à quiconque, elle n'y tenait pas, mais elle conçoit que ce travail transgénérationnel gagnera en efficacité si sa sœur vient témoigner. Elle ajoute qu'elle et sa sœur n'ont jamais vraiment partagé grand-chose. Elles sont très différentes, elles n'ont pas les mêmes goûts. Peut-être que cela s'explique puisqu'elles n'ont pas le même père ?

C'est lors du troisième rendez-vous que la thérapeute et Pauline abordent véritablement le personnage de la grand-mère. Marinette avait une sœur beaucoup plus âgée qu'elle, tante Léonie. Toutes deux ont ouvert une épicerie à la mort de leur père, avec le petit pécule dont elles avaient hérité. Leur mère, hélas, est morte peu de temps après la naissance de Marinette, et tante Léonie a fait office de mère. Elles avaient la réputation au village d'être inséparables, et personne n'a compris pourquoi Marinette s'est mariée, précipitamment, à la quarantaine, avec un mauvais garçon, buveur, dépensier et, pis encore, coureur. La réponse à cette incompréhension générale ne s'est pas fait attendre : Marinette a mis au monde Angèle, la mère de Pauline. Un peu trop tôt.

La thérapeute interroge Pauline. Comment se fait-il que sa grand-mère ait été séduite par un tel homme ? Serait-il envisageable que les choses se soient faites contre son gré, cet enfant comme ce mariage ? A-t-elle été obligée, abusée, violentée ?

194

C'est vrai que Pauline a toujours entendu dire qu'à l'époque où Marinette vivait avec tante Léonie, elle n'envisageait ni de se marier ni d'avoir d'enfant. Elles étaient tranquilles toutes les deux, si heureuses. D'où l'étonnement de tous au village lorsqu'elle s'est mariée. Pauline a d'ailleurs cru comprendre que sa grand-mère avait été malheureuse avec son mari et qu'elle s'est sentie libérée à sa mort.

La thérapeute s'étonne du manque de curiosité de Pauline. Elle n'a apparemment jamais osé poser de question. Avait-elle peur des réponses qu'elle risquait d'entendre ?

Pauline est vexée, heurtée par la remarque de la thérapeute. Elle reconnaît qu'elle n'a jamais rien voulu savoir sur Marinette et son mari. Quant à être victime, elle a le sentiment de l'être également. Elle a l'impression que personne ne s'inquiète pour elle, alors qu'elle passe sa vie à s'occuper de tout le monde. C'est vrai qu'elle aime rendre service, se rendre utile, mais elle apprécierait, quelquefois, obtenir un retour. C'est étrange parce qu'en racontant cela, elle se rend compte qu'elle est un peu comme Marinette qui passe son temps à tout faire pour sa fille et qui n'obtient rien en contrepartie. Elle prend conscience seulement maintenant de cette attitude qu'elles ont en commun, elle et sa grand-mère, donner sans recevoir.

La thérapeute explique que toutes ces attentions, ces prises en charge, ces services rendus de Pauline à ceux qui l'entourent cachent une réelle violence. Elle donne tellement, comme Marinette, qu'elle enlève à l'autre toute capacité de se prendre en charge lui-même. Elle le rend dépendant. Elle le rend son obligé à jamais.

Le premier mouvement de Pauline est un mouvement de

colère. Si elle a bien compris, la thérapeute est en train de lui dire qu'elle est manipulatrice, que son dévouement pour autrui n'est que recherche de pouvoir? C'est vraiment dur à avaler. Pauline quitte la séance très agitée.

Dans les dyades mères-filles, où les pères ont été écartés, les filles ont toutes les chances de devenir des objets d'amour sur lesquels les mères projettent ce qu'elles n'ont pas réussi à vivre, leur amour insatisfait, contré, refoulé. Ces mères se cachent derrière une image de mère idéale, dévouée corps et âme à leurs filles. Ces filles ont alors toutes les chances de rejouer avec leurs propres filles, voire dans leurs rapports avec leurs proches, le même type de relation exclusive.

Il a fallu plusieurs séances à Pauline pour qu'elle reconnaisse le plaisir, et même la jouissance, qu'elle tire de sa manie à sauver ceux qu'elle côtoie. Elle est capable de trouver toutes les solutions, elle donne tout et à tout le monde, sans distinction. Bref, elle est indispensable. Mais Pauline réalise combien elle paye cher cette jouissance, car elle n'obtient jamais aucun retour et elle se sent, à chaque fois, plus lésée, abandonnée. Pauline comprend aussi que plus son sentiment d'abandon est fort, plus elle veut faire, donner, prouver. Mais plus elle fait pour les autres, plus ils attendent d'elle, et plus ils trouvent cela normal qu'elle fasse pour eux. Cela leur est dû. Ni remerciement ni retour, aucune manifestation d'affection. Et moins ils en font, plus elle en fait.

Dans ce jeu relationnel en boucle, où l'un donne démesurément à l'autre et où l'autre ne peut rendre, il est classique de repérer trois rôles que les deux partenaires jouent chacun à leur tour : le rôle de persécuteur, celui de sauveur et celui de victime. Dans cette relation viciée, le sauveur, celui qui donne démesurément, rend rapidement victime celui à qui il donne, car ce dernier ne sera jamais à même de lui rendre. Celui qui reçoit contracte alors une dette à vie. De ce fait, le sauveur prend le rôle de persécuteur, jusqu'à ce qu'il endosse finalement le rôle de victime, se plaignant de ne jamais obtenir de retour. Ces femmes qui aiment trop leurs filles entrent facilement dans ce type de rapport, passant d'un rôle à l'autre, pour mieux assujettir leurs filles. En face, les filles épousent le rôle complémentaire et en ressortent à tout jamais meurtries. Dès lors, elles ne pourront que vivre et transmettre à leur tour cette façon d'aimer dévorante.

Pauline et la thérapeute, peu à peu, démontent les rouages de cette relation abusive où le don cache une mise en geôle, un assujettissement de l'un par l'autre. Pauline s'en est fait une règle de vie, elle y a mis un point d'honneur. À ce jeu, elle a surpassé sa grand-mère pour laquelle le seul enjeu était sa fille Angèle. Pauline a développé un champ d'action beaucoup plus large. Elle agit de cette façon avec tous : avec son mari, avec sa fille Romane, avec ses amis, et même avec tous ceux qu'elle croise. C'est plus fort qu'elle.

Pauline a prévenu la thérapeute de la présence de Nathalie au prochain rendez-vous. Les premiers instants sont tendus car ils révèlent des positions très différentes entre les deux sœurs à l'égard de leur mère. Nathalie lui est profondément attachée, quoi que celle-ci ait pu dire ou faire. Pauline au contraire lui en veut ; pour elle, c'est sa grand-mère Marinette qui est sa véritable mère.

La thérapeute avance qu'elles ont toutes les deux raison

au sujet de leur mère. En effet, bien qu'elles aient la même mère, chacune a construit une relation unique et la perçoit différemment. Il n'est donc pas question de comparer leurs versions, les deux sont vraies. Il est inutile de trop s'attarder sur cette mère. Si Nathalie est là, c'est pour évoquer et comprendre une famille tout entière. Pauline connaît peu d'anecdotes. Elle a peu de souvenirs concernant Maurice, si ce n'est qu'il les surveillait en permanence. Nathalie a-t-elle des choses à dire ?

Les deux sœurs explosent : Maurice est un sale type, sur ce point-là elles sont d'accord. Nathalie raconte que lorsqu'elles se lavaient, il n'était jamais loin. Il avait l'habitude d'entrer sans prévenir dans la salle de bains, sous le prétexte de vérifier qu'elles avaient bien savonné telle ou telle partie de leur corps.

Pauline s'étonne de tous les détails que sa sœur rapporte au cours de l'entretien. Manifestement, ce père était voyeur, il mettait en avant de soi-disant principes éducatifs pour se permettre des gestes et des actes déplacés, humiliants, abusifs.

Nathalie laisse entendre que Maurice s'est approché bien trop près d'elle. Elle ne veut pas en dire plus, car c'est un sujet douloureux même si elle s'est fait aider pour dépasser cela. Par contre, Nathalie est certaine que Maurice a laissé Pauline tranquille.

À travers les confidences de Nathalie, Pauline découvre sa sœur, une sœur qui ne s'est jamais plainte, qui ne s'est jamais exprimée, qui a souffert. Elle ressent pour la première fois un lien véritable pour elle. Mais elle ne comprend pas pourquoi Nathalie n'a jamais rien dit. En a-t-elle parlé à leur mère ?

Nathalie explique que leur mère a eu sa part de malheur avec Maurice. Elle a vu et entendu beaucoup de choses qu'elle n'a pas, non plus, envie de raconter là. Nathalie n'a pas voulu peser davantage sur sa mère. De fait, leur silence commun, à elle et sa mère, lui donnait l'impression d'une plus grande proximité, d'un lien privilégié. L'une comme l'autre savaient, elles n'avaient pas besoin de se le dire.

La thérapeute sent la réticence de Nathalie à aller au-delà, comme si elle en était empêchée par quelque chose d'interdit. Elle fait l'hypothèse qu'il s'agit peut-être du secret concernant le vrai père de Pauline. La thérapeute questionne alors Pauline. Nathalie ne vient-elle pas de lui accorder une grande confiance par son témoignage ? Souhaiterait-elle, en retour, partager quelque chose d'essentiel pour elle avec sa sœur ?

Pauline est rassurée par l'autorisation tacite de la thérapeute. Elle va enfin pouvoir parler de ce qui est si douloureux pour elle. Elle dévoile avec soulagement l'identité de son vrai père. Nathalie sourit. Elle savait, elle n'a jamais rien dit. Elle l'a compris depuis longtemps, derrière les lourds sous-entendus de Maurice. Tout le monde savait. Sauf Pauline. Et c'est cette paternité qui a protégé Pauline, car si Maurice s'était approché trop près d'elle, il aurait eu affaire à Antoine.

Pauline pleure. D'une certaine manière, c'est comme si elle avait eu un père sans l'avoir jamais su. Elle est bouleversée par les paroles de sa sœur. Nathalie avoue combien elle a été longtemps jalouse de Pauline : elle au moins avait eu un père qui l'avait protégée.

Les violences intrafamiliales sur les enfants ou adolescents – humiliations, manipulations, coups, abus – ne sont possibles que si elles sont « autorisées », couvertes, par un membre du système familial. En effet, seule la complicité ouvre la voie à ce type de violences. Ainsi, un père ne s'en prendra à sa fille que si la mère refuse de voir. Cette mère sera d'autant plus négligente, véritable complice, qu'elle-même aura été l'objet de violences dans l'enfance. Enfin, ces violences à l'intérieur des familles se cristallisent et perdurent toutes les fois où les membres de cette famille vivent en huis clos, coupés du monde extérieur. Toute mère se doit donc d'endosser ce rôle protecteur, pour interdire tout abus sur l'enfant.

La thérapeute engage les deux sœurs à réfléchir ensemble sur le personnage ambivalent de leur grand-mère : qui était-elle véritablement ? Nathalie a-t-elle des informations que Pauline ne connaîtrait pas ? Sur son enfance ? Son mariage ? Son rôle auprès de ses petites-filles ? Ses relations avec Maurice ? Sait-elle pourquoi leur grand-mère accepte tout de sa fille Angèle ?

Nathalie fulmine. Ce qu'elle a à dire va être dur à entendre pour Pauline. Nathalie est certaine que sa grand-mère savait ce que Maurice trafiquait avec elle. Elle les a surpris de nombreuses fois. Jamais elle ne l'a sauvée des sales pattes de Maurice. Chaque fois elle a refermé la porte, un léger « excusez-moi » au bord des lèvres.

Le soir, lorsque leur mère rentrait de son travail, épuisée, la grand-mère lui assurait que tout s'était bien passé. Elle s'intéressait ensuite à la journée de sa fille. Avait-elle eu des contrariétés, avait-elle bien vendu ? La grand-mère n'obtenait de sa fille que des soupirs et des plaintes sur sa journée harassante. Nathalie n'osait pas peser sur sa pauvre mère, qui subvenait aux besoins de tous. Elle se sentait démunie, seule. Personne n'avait idée de ce qu'elle endurait.

Pauline réagit violemment aux révélations de sa sœur : comment Nathalie peut-elle s'acharner ainsi sur Marinette, elle qui se mettait en quatre pour tout le monde et qui endurait les brimades de Maurice et de leur mère ? Comment Nathalie ose-t-elle se montrer aussi dure ?

Nathalie est désolée pour sa sœur, mais elle ira jusqu'au bout de ce qu'elle sait. Si leur grand-mère a supporté sans se défendre les réprimandes de leur mère, ce n'était nullement pour les soulager elles, les petites-filles. Si Marinette avait dévoilé à sa fille ce qui se passait avec Maurice, sa mère l'aurait exclu sur-le-champ. Un autre homme, sûrement, aurait pris la place, qui n'aurait sans doute pas accepté la présence de Marinette à la maison. Maurice, lui, s'en arrangeait. Tout simplement parce qu'il profitait de deux femmes : l'une travaillait et rapportait de quoi vivre, l'autre faisait la bonne du matin au soir.

La thérapeute souligne que Maurice s'accommodait aisément d'une vie avec deux femmes, qui ni l'une ni l'autre ne lui posaient aucune limite, aucun interdit : l'une, la mère, ne voyait rien, et l'autre, la grand-mère, faisait comme si elle ne voyait rien. Si Maurice s'accommodait si bien de cette vie-là, ne pourrait-on pas dire que ces deux femmes s'accommodaient également fort bien de la présence de cet homme ? D'une certaine manière, elles se partageaient Maurice.

Nathalie sursaute. Il lui revient en mémoire de violentes disputes entre elles deux à propos d'un jeune homme que Marinette aurait tenté de voler à leur mère. À l'époque, leur grand-mère louait une des chambres de la maison pour arrondir des fins de mois difficiles. D'après ce que Nathalie a compris, ce jeune homme travaillait dans un village voisin et il louait la chambre. Il était amoureux d'Angèle et ils se seraient bien échappés tous les deux, mais Marinette s'était posée en rivale. C'était bien là le sujet des disputes. Marinette, semble-t-il, s'était montrée provocatrice et séductrice, et le jeune homme avait pris peur. Il était parti. Leur mère en a toujours voulu à Marinette, elle l'accusait régulièrement de lui avoir gâché la vie et de lui avoir volé le seul homme qui aurait pu la rendre heureuse.

La thérapeute avance que ce jeune homme a probablement flairé le lien équivoque entre les deux femmes et le danger à s'en approcher trop. Marinette a usé de séduction pour écarter le prétendant de sa fille, pour exclure celui qui la lui aurait sûrement enlevée – cette fille pour laquelle elle a tout sacrifié et qu'elle se sent donc, sans doute, en droit de garder auprès d'elle à tout jamais.

D'un ton ironique, Pauline fait remarquer à Nathalie et à la thérapeute que les plans de Marinette ont semble-t-il échoué. Elle n'a pas réussi à garder sa fille pour elle toute seule, puisque leur mère a épousé Maurice.

Nathalie détrompe sa sœur. Lorsque leur mère est tombée enceinte, il a bien fallu régulariser. Marinette a eu peur d'être séparée de sa fille, mais elle a, très vite, trouvé des arguments imparables pour rester auprès d'elle. Maurice était un bon à rien sans travail et elle a donc donné à sa fille tout son capital pour financer la papeterie. Ainsi, elle a balayé à jamais toute menace d'être éloignée de sa fille. Par ce don, elle a gagné toutes les bonnes raisons de rester auprès d'elle. Et, d'une certaine manière, Maurice avait le champ libre pour tirer parti des deux femmes. Nathalie se dit ulcérée par le jeu diabolique de sa grand-mère. Pour elle, en se rendant indispensable à sa fille, Marinette lui a ôté toute perspective d'indépendance, toute possibilité de se séparer d'elle.

Pauline est consternée, désespérée. Ce nouveau regard posé sur sa grand-mère, qu'elle a toujours placée plus haut que tout, la laisse meurtrie. Elle interroge la thérapeute pour savoir si ce qui vient d'être dit explique la relation infernale entre Marinette et leur mère.

La thérapeute avance que leur mère a effectivement de bonnes raisons pour se montrer si dure avec sa propre mère : Marinette lui a volé son amour de jeunesse, son indépendance et même ses filles. En excluant le jeune homme, susceptible d'aimer sa fille, la grand-mère a poussé sa fille dans les bras de Maurice. Ce Maurice qui, à coup sûr, était incapable de rendre sa fille heureuse mais qui, lui, ne risquait pas de mettre en danger leur relation mère-fille. Il était peut-être inapte à une relation de couple mais, au moins, il ne les séparerait jamais. Il est certain que la grand-mère a piégé sa fille. Sous couvert de lui avoir tout donné, elle l'a obligée à jamais, elle l'a rendue dépendante d'elle. La générosité financière de Marinette a installé et verrouillé une dépendance mère-fille sournoise. Quant à elles deux, Nathalie et Pauline, leur grand-mère s'en est occupée du matin au soir. De cette façon, leur mère a été évincée de son rôle, elle a perdu sa place. Mais comme la grand-mère a fait tout cela sous couvert d'amour, « pour aider », leur mère ne peut exprimer sa révolte que sous forme de brimades détournées, de colères blanches, avortées.

À propos d'amour, Nathalie se souvient que leur mère, souvent, suppliait : « Occupe-toi de toi, aime-moi moins. »

Mais la grand-mère n'avait d'autre réponse que : « Quand on aime, on donne tout. » Tante Léonie lui avait montré l'exemple, elle lui avait tout donné. Elle avait été ce parent aimant qu'elle n'aurait jamais eu sinon, le père étant bon à rien et la mère morte peu après sa naissance.

La thérapeute suggère à Nathalie et Pauline que leur grand-mère Marinette a repris à son compte le schéma de tante Léonie, en étant à son tour un parent exclusif pour sa fille Angèle.

Nathalie rapporte que, curieusement, c'est toujours leur grand-mère qui clôturait les disputes. Elle, qui passait auprès de tous pour une victime, savait très bien tirer son épingle du jeu. Elle répétait sur tous les tons qu'elle s'était toujours sacrifiée pour sa fille et qu'elle l'avait protégée d'un père brutal et malveillant. Nathalie pense que leur grand-mère se réjouissait de toutes les occasions qui lui étaient données pour se rapprocher davantage de sa fille. Elle était machiavélique. Marinette avait mis sa fille à l'abri d'un père abusif et c'est encore elle qui l'avait épargnée de la médiocrité de Maurice. Lorsque celui-ci s'en prenait à elle du matin au soir, c'était ça de moins pour sa fille. Angèle ne pouvait donc rien lui reprocher, sa mère avait toujours tout fait pour elle, elle lui avait tout donné, elle l'avait toujours protégée.

Les deux sœurs sont abasourdies, chavirées. Les mots trop longtemps silencieux ont été prononcés. L'une et l'autre se tournent vers la thérapeute. Ensemble, elles conviennent de la richesse de la séance. La thérapeute remercie chaleureusement Nathalie pour son aide précieuse. Elle rassure Pauline. Elles consacreront le temps nécessaire pour assimiler ces nouvelles données. Cette entrevue a été douloureuse car tout un pan de l'univers de Pauline s'est écroulé d'un seul coup, mais elles vont reconstruire ensemble, sur de nouvelles bases, et leur travail va se trouver considérablement enrichi par le témoignage courageux de Nathalie.

Quelques semaines plus tard, Pauline confie qu'elle a passé beaucoup de temps à tout tourner et retourner dans sa tête. Il lui faudra beaucoup de temps pour intégrer ce qui a été dit lors du dernier entretien avec sa sœur. Elle qui était en bataille avec sa mère, et qui voulait la paix, la voilà maintenant en guerre avec toutes les femmes de sa famille. Quant à sa relation avec Nathalie, même si elles ont osé se parler, rien n'a changé. Elle ne se sent pas plus en lien qu'avant. C'est comme si elles n'avaient jamais eu le même passé, comme si elles étaient issues de deux familles différentes. Elle se questionne : que peut-elle faire de ces nouvelles informations ? Comment les ordonner ? Elle a la désagréable impression que tout est en morceaux épars, que rien n'a plus de sens. Comment doit-elle interpréter le témoignage de Nathalie ? À quelle version doit-elle accorder crédit ? Elle a le vertige. Elle est perdue.

La thérapeute suggère que, contrairement à ce que Pauline semble penser, les histoires des deux sœurs se complètent l'une l'autre, illustrant parfaitement la dynamique relationnelle qui anime les femmes de cette famille. Les deux femmes, Marinette la grand-mère et Angèle la mère, sont engagées dans une relation où tout est partagé, mis en commun, confondu : les hommes, les enfants, l'argent, et même le silence, qui font d'elles des complices. Ne se sont-elles pas partagé Maurice, à leur manière, et auparavant ce jeune homme attirant ? Ne se sont-elles pas partagé les deux filles, Nathalie et Pauline ? Pour Nathalie, c'est leur mère qui est la mère mais, pour Pauline, c'est la grand-mère qui est la mère. Et ce silence ? Pourquoi Marinette n'a-t-elle rien dit des agissements de Maurice à Angèle ? Il est bien difficile d'imaginer qu'Angèle ne savait rien. Ne peut-on pas envisager qu'elle préférait ne pas savoir ? Tout se passe comme si ces deux femmes ne pouvaient se comporter comme deux personnes différentes, séparées. Comme si ce que pensait ou faisait l'une dépendait inexorablement de ce que pensait ou faisait l'autre. Comme si cette grand-mère Marinette avait quitté son rang générationnel et s'était glissée aux côtés de sa fille, comme si elles étaient sœurs. Ce glissement générationnel évoque étrangement le glissement opéré par la tante Léonie : la tante Léonie, elle, a abandonné la place de sœur pour se glisser en place de mère. En effet, n'a-t-elle pas pris soin de sa petite sœur Marinette comme une mère, à la place de leur mère décédée avant l'heure ?

L'équilibre d'un système familial répond à une éthique relationnelle subtile. Chacun, en son temps, y occupe une place générationnelle, enfant, parent puis grand-parent. À chaque place correspondent un rôle et des obligations. Tout chamboulement ou glissement, toute confusion ou usurpation est source de déséquilibre du système et met en danger potentiel les membres de la famille.

Pendant plusieurs séances, Pauline rapportera des rêves mouvementés, très sexualisés. Ils seront travaillés par association d'idées et révéleront, peu à peu, des bribes de souvenirs. Contrairement à ce que Nathalie a affirmé, Maurice a eu des gestes déplacés à son égard. À l'époque, Pauline s'est posé des questions. Elle en a parlé à sa mère et à sa grand-mère. Elle n'a eu aucune explication. L'une comme l'autre se sont défilées. Pauline a néanmoins perçu le côté déplacé, sale, honteux, de ce qui se passait entre Maurice et elle. Mais comme personne ne voulait l'entendre, et pour se protéger, elle a enfoui toutes ces scènes au plus profond d'elle-même.

Suite à ces rêves et à la mise au jour de la violence sexuelle de cette famille, la thérapeute aborde avec Pauline la notion de relation incestuelle familiale. Il semble bien que, dans cette famille, les hommes ne font pas fonction de tiers, ils ne séparent pas les mères de leurs enfants, les mères de leurs filles. Ils s'excluent ou sont exclus, ou encore ils sont instrumentalisés par les femmes, jusque dans leur violence. Les femmes se font donc face dans des relations dangereuses, déchirantes, incestuelles, qui mettent à mort leurs filles. Les deux sœurs, tante Léonie et Marinette, ont vécu une forme d'inceste platonique. Elles ont vécu une relation mère-fille troublante, confusionnante. Leur mère est morte après la naissance de Marinette, leur père, lui, s'est effacé de la scène familiale. Seules, sans aucun repère générationnel parents-enfants, elles se sont accrochées l'une à l'autre pour mimer une relation mère-fille dans laquelle elles se sont perdues. Marinette, pour échapper à cette dyade mortifère, s'est laissé séduire par le premier homme venu. Elle a comme utilisé la violence de cet homme, vis-à-vis d'elle, pour tenter de couper ce lien indestructible avec sa sœur Léonie. Elle a donné naissance à Angèle, la mère de Pauline, et elle s'est aussitôt écartée de cet homme rustre et volage, pour mieux reporter son amour sur sa fille. Cet amour maternel, exclusif et ravageur, est à l'image de la relation entre Léonie et Marinette. Plus tard, Marinette est allée jusqu'à se poser en rivale lorsqu'un prétendant sérieux s'est présenté pour sa fille, pour mieux l'écarter et sauvegarder leur couple mère-fille. Puis s'est installée entre elle et sa fille Angèle une forme d'inceste indirect. En effet, elles ont fait en sorte de se poser en complices de Maurice, pourtant pervers avec les petites filles, car il leur permettait de maintenir une relation mère-fille d'une force exceptionnelle. Maurice a été utilisé, instrumentalisé par la grand-mère et par la mère pour mieux qu'elles se rapprochent l'une de l'autre. Elles se confondaient, elles faisaient corps, par leur silence, par leur complicité malhonnête. Elles taisaient les malversations de Maurice, qu'elles deux ont également subies sans jamais se l'avouer l'une à l'autre, et qui les lient à jamais.

Pauline et la thérapeute arrivent à la conclusion que, dans cette famille, à chaque génération, la fille ne peut se détacher de sa mère, elle reste sous son emprise, incapable de devenir à son tour mère de sa fille. Toutes les tentatives de désengagement de la relation morbide mère-fille sont vouées à l'échec.

Pauline aborde avec la thérapeute sa propre difficulté à se poser en mère auprès de sa fille Romane, en tenant compte de ce jeu générationnel enfin révélé. Elle a confié sa fille très tôt à une nounou expérimentée qu'elle a choisie avec grand soin. Il s'agit d'une femme seule, entre deux âges, qui vit à la maison et prend soin de Romane nuit et jour. Pauline la traite comme un membre de la famille, à tel point que sa fille ne sait plus très bien qui est cette nourrice. Elle l'appelle tantôt « maman nounou », tantôt « tata nounou ». Toutes les fois où Pauline cherche à s'occuper de sa fille, à lui faire plaisir, Romane trépigne, hurle et court se réfugier dans les bras de sa nurse. Pauline est effondrée. Elle se revoit, elle aussi, échapper à sa mère pour se précipiter dans les bras de sa grand-mère, Marinette.

La thérapeute demande à Pauline ce que son mari pense de tout cela.

Pauline pleure. Elle avoue que son mari est excédé par la nounou et par la place qu'elle a fini par prendre chez eux. Selon lui, « c'est une vieille chouette capricieuse, toujours là quand il ne faut pas, sous prétexte de rendre service ». D'ailleurs, elle et son mari viennent d'avoir une dispute épouvantable à son sujet. Pauline a proposé d'emmener la nounou en vacances avec eux, car elle ne sait plus comment s'y prendre avec Romane. Son mari a répondu par un ultimatum : « Ce sera ta nounou ou moi ! »

La thérapeute engage Pauline à raconter son couple, leur rencontre, la naissance de Romane. Elles mettront au jour peu à peu combien ce mari aimant se démarque de tous les hommes de cette famille. Lui aurait voulu confirmer et rassurer Pauline dans son rôle de mère attentionnée, capable de savoir ce qui est bon pour sa fille. Mais Pauline était une mère inquiète sur sa capacité à être mère, au point de déléguer son rôle à une nounou compétente, avec des références irréprochables ; inquiète sur les capacités de son mari à être père, au point de l'écarter de Romane quand il voulait en prendre soin.

Plusieurs séances seront nécessaires à Pauline pour qu'elle comprenne qu'elle a exclu son mari dans sa fonction de père. Et qu'elle est également sur le point de perdre l'homme qu'elle aime et qui l'aime, parce que se rejoue, malgré elle, une véritable répétition familiale. Les femmes de la branche maternelle écartent les hommes et entretiennent depuis quatre générations des relations mortifères, exclusives entre mère et fille. Au contraire des autres femmes de sa famille, Pauline a face à elle un homme aimant et respectueux, capable de se poser en père comme en mari, à la seule condition que sa femme l'approuve dans ces deux rôles. Il n'est pas trop tard pour qu'elle le reconnaisse comme tel.

Pauline s'est enfin séparée de la nurse de Romane. Elle reprend doucement confiance en elle et apprivoise peu à peu son nouveau rôle auprès de sa fille. Elle est suivie régulièrement par la thérapeute pour consolider sa position de mère et rendre compte des difficultés qu'elle rencontre. Elle apprend à rendre à son mari sa juste place de père. Le couple va bien. Un autre enfant s'annonce.

Les modèles familiaux

Pour chacun d'entre nous, la relation à l'autre a été initiée dans le milieu familial, en référence à de nombreux personnages et modèles possibles. Ainsi, la figure masculine est constituée, le plus souvent, d'un patchwork qui assemble un père, un frère, un oncle, un grand-père... La figure féminine, également, peut être constituée d'une mère, d'une grand-mère et d'une nounou, ou d'un autre montage... Ces personnages multiples génèrent des modèles relationnels variés à partir desquels l'individu établira sa relation à l'autre.

Si le sujet adulte est libre d'en ignorer certains ou d'en inventer d'autres, il ne peut en aucun cas faire l'impasse de ces modèles reçus. Il en est l'héritier. Ce qui fait souvent dire au patient : « Je n'ai pas eu le choix, je n'avais pas d'autre modèle. » Au thérapeute de lui expliquer que si ces modèles familiaux sont de véritables références, en aucun cas ils ne sont des déterminants absolus.

Spécificité de la relation mère-fille

Dans la relation mère-enfant, le risque de projection narcissique de la mère est beaucoup plus fort sur l'enfant du même sexe, la fille, que sur l'enfant de l'autre sexe, le garçon. La mère aspire le plus souvent à ce que sa fille lui ressemble, la prolonge, voire réussisse là où elle a échoué. Combien de mères, à travers leur insatisfaction personnelle, surinvestissent leurs filles au point de les instrumentaliser, et même de les sacrifier.

Avec un fils, le regard de la mère sera bien différent. Il s'agira plus volontiers d'un regard d'amour et de séduction.

Si le risque d'emprise maternelle est bien réel avec la fille comme avec le fils, il n'en reste pas moins qu'il n'est pas de même nature. En effet, la fille se référera plus volontiers que le fils au modèle renvoyé par la mère, au point parfois de l'endosser, avec le risque de confusion identitaire inévitable.

L'inceste

L'inceste concerne les relations sexuelles interdites à l'intérieur des familles, qu'il s'agisse d'un père ou d'une mère avec son enfant, ou de frères et sœurs à l'intérieur d'une même fratrie. Classiquement on considère dans ces figures d'inceste deux protagonistes, l'abuseur et l'abusé. Mais l'abuseur ne peut agir à l'intérieur de la famille qu'avec la complicité d'un ou plusieurs tiers. Il s'agit donc bien d'une relation qui requiert toujours un abuseur, un abusé et un ou plusieurs complices. Un père, par exemple, ne pourra approcher sa fille ou son fils que si sa femme, voire toute une famille, ferme les yeux.

Bien souvent, on ne retient de l'inceste que la partie émergente, à savoir un rapport direct entre l'abuseur et l'abusé. Dans la partie immergée, il se joue toujours une relation beaucoup plus complexe. Ainsi, lorsque le père abuse de sa fille, avec la complicité de la mère, tout se passe comme si deux femmes se rapprochaient au plus près l'une de l'autre, partageaient malgré elles un même homme, dans une relation indirecte.

Différence entre l'incestueux et l'incestuel

Dans la relation incestueuse il y a passage à l'acte, au contraire de la relation incestuelle où le lien est tout aussi pernicieux mais sans passage à l'acte. Dans ce dernier cas, on parlera d'« inceste symbolique », mais les ravages sont cependant bien réels et les dynamiques familiales viciées.

La réalité des traumas sexuels dans les familles

Longtemps, les violences intrafamiliales ont été tues, au nom du sacro-saint principe que le parent est par définition un bon parent : « S'il fait du mal à son enfant, c'est pour son bien. » Même la théorie de Freud a pu, à une époque, être détournée. En effet, les années 1980-1990 ont souvent considéré comme fantasmes œdipiens de réelles manœuvres de séduction et d'abus dans les familles.

La clinique du trauma, relativement récente, autorise désormais à reconnaître et à expertiser ces conduites abusives et à les porter en justice. Il semble donc difficile de faire l'impasse d'une investigation du contexte familial car le plus souvent ces violences, s'inscrivant sur plusieurs générations, ne peuvent être endiguées que s'il y a compréhension pour le patient de la dynamique familiale, avec ses dysfonctionnements. Car ce sont ces dysfonctionnements qui ont autorisé l'un des membres de la famille à approcher l'enfant ou l'adolescent de trop près. Il n'y a pas un coupable, c'est toute une famille qui a sacrifié un individu.

8

Constantin ou le refus de changer

La thérapeute ouvre la porte à son nouveau patient. Il la bouscule presque. Il est manifestement excédé. Tiré à quatre épingles, costume strict, chaussures impeccablement cirées, cet homme-là lui paraît particulièrement soucieux de son apparence. Sans attendre son invitation à entrer dans la pièce, il a pris possession du bureau, comme s'il était chez lui. Il a posé un volumineux porte-documents à côté de lui et s'est assis, en ayant pris soin de ne pas froisser son pantalon. Il regarde sa montre et dévisage la thérapeute d'un regard arrogant. Il attend.

Elle lui demande pourquoi il est là et qui le recommande. Constantin est pressé. Il ne veut pas perdre une minute. D'un haussement d'épaules, il répond qu'il est là parce que sa copine, Valérie, lui a posé un ultimatum. Elle ne l'épousera que s'il accepte de voir quelqu'un comme elle. Quand il pense qu'elle n'a même pas été fichue de noter le code correctement. Et qu'à cause d'elle il a fait les cent pas devant l'immeuble en attendant que quelqu'un entre ou sorte. Il l'a appelée plusieurs fois. C'était toujours occupé. Elle devait être en train de bavasser à son bureau. Il préfère être franc, il souhaite que cet entretien ne lui fiche pas sa

215

matinée en l'air. Il a fait l'effort de venir, mais il ne faudrait pas que les idées fixes de sa compagne mettent en danger sa vie professionnelle.

La thérapeute reste impassible.

Constantin ricane. Valérie dit qu'il est impulsif, sanguin, violent. Qu'il ne fait rien de bien, rien comme tout le monde. Tout est sujet à interprétation. Elle fait de la psychologie de bazar. Du coup, ils sont en conflit permanent.

La thérapeute le questionne. De quelle façon les choses s'enveniment-elles ?

Constantin raconte que c'est toujours pareil. Des exemples, il en a des tas. Leurs disputes partent toujours de rien. S'il l'invite au restaurant, il a bien sûr choisi le meilleur endroit, elle n'est jamais contente. Elle pose des questions ridicules sur la carte. Tout lui semble compliqué, alambiqué. Elle n'aime que les choses qu'elle connaît. Il lui propose de l'aider dans son choix, elle se vexe. Comme elle ne veut pas se donner en spectacle, elle le laisse choisir pour elle. Évidemment, elle n'est pas satisfaite. Elle ne touche rien de ce qu'elle a dans son assiette. Elle se plaint. Elle lui reproche de ne pas tenir compte de ses goûts. Ils quittent le restaurant précipitamment. Le ton monte. Arrivés chez eux, ils en sont aux injures. La porte de l'appartement à peine refermée, ils en viennent aux mains. À ce moment-là, il n'a pas d'autre choix que de la frapper, pour qu'elle se calme. Finalement, ils finissent toujours par se réconcilier dans la chambre à coucher. « La chair est faible », souligne-t-il d'un ton provocateur.

La thérapeute demande à Constantin s'il est gêné par ce cours des choses. A-t-il conscience du dysfonctionnement de leur relation ? Trouve-t-il acceptable de régler les pro-

blèmes par des coups ? Est-il inquiet de son comportement ? A-t-il envie de comprendre ce qui se joue dans leur
relation ?

Constantin éclate de rire. Décidément, c'est une déforma-
tion bien féminine de toujours vouloir comprendre, expliquer, changer les choses. « Changer », Valérie n'a que ce
mot-là à la bouche. Il faut qu'il change, il doit changer.
Pourquoi pas elle, après tout ? C'est elle qui le pousse à
bout. Lui, il ne lui demande rien. Il l'aime comme elle est. Il
ne lui demande pas de changer.

La thérapeute ne s'attarde pas sur les accusations avan-
cées par Constantin selon lesquelles le problème, ce ne
serait pas lui mais Valérie. Elle lui demande comment ça se
passe dans la famille de sa compagne. Est-ce que les relations familiales sont tendues, difficiles, voire violentes ?

Constantin, à la fois rassuré et surpris par cette question
qui ne le concerne pas, répond qu'il n'en sait rien. Il ne
connaît pas la famille de Valérie. Ce ne sont pas des gens
intéressants, ils ne se sont jamais préoccupés d'elle et elle
préfère éviter le sujet.

La thérapeute poursuit. Et sa famille à lui ? Que pourrait-
il en dire ?

Sans réfléchir, Constantin assure que sa famille est une
famille sans histoires. Ses parents sont de la vieille école,
les femmes à la maison et les hommes au travail. Sa mère
est effacée, discrète. Elle a passé sa vie à obéir à son mari.
C'est vrai que les choses n'ont pas été toujours faciles pour
elle, car son père s'emportait facilement. Mais son père est
un homme juste, qui aime sa femme et son fils, et qui a
toujours protégé sa famille. Pas comme le grand-père paternel qui a passé son temps à taper sur son fils, comme une

217

brute, et sans raison. Constantin, lui, se souvient de corrections mémorables qu'il a reçues de son père. Mais lui, il les avait bien cherchées.

La thérapeute revient sur ce père « modèle ». Comment le corrigeait-il ?

Constantin confie qu'il y avait un barème clairement établi : autant de coups de ceinturon que de points en dessous de la moyenne, de fautes de français ou de minutes de retard. Il est à peu près sûr que son père était fier de sa résistance et de son courage. Même quand son père cognait longtemps, il ne laissait jamais échapper un cri. Un jour, il a tenu jusqu'à quinze coups, un vrai record.

La thérapeute acquiesce. Elle lui demande s'il a vraiment envie de démarrer un travail avec elle. Si tel est le cas, il doit savoir qu'elle imposera comme condition indiscutable

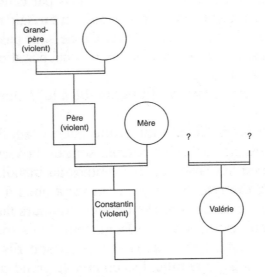

Génogramme de Constantin

218

de ne pas frapper sa compagne. De plus, s'il n'envisage ce travail thérapeutique que pour faire plaisir à son amie, cela ne donnera rien. L'objectif de Valérie semble être qu'il change, lui, qu'il devienne un homme différent. Mais lui, quel est son véritable objectif? Un travail thérapeutique ne pourrait s'engager favorablement que s'il en définissait un, clairement. A-t-il une idée de l'objectif qu'il veut atteindre? De ce qui lui pose problème et qu'il souhaiterait améliorer?

Constantin réagit violemment : mais qu'est-ce que ça veut dire? Quel objectif? Il n'a aucun objectif à définir. D'une façon générale, sa vie lui va parfaitement. Quant à sa vie avec Valérie, elle lui convient aussi. Il est venu pour lui faire plaisir. Il n'aurait jamais dû. Elle s'est encore foutue de lui. Elle lui a laissé entendre qu'une seule séance suffirait sans doute. Il est venu juste pour faire le point, et il était certain que la thérapeute lui confirmerait que tout allait bien. D'ailleurs, s'il n'a pas d'objectif, c'est bien le signe que tout va bien. Ainsi, tout est dit. Inutile d'épiloguer plus longtemps. Il rendra compte de cette conclusion à Valérie.

La thérapeute n'a pas revu Constantin. Elle n'a pas reçu non plus d'appel ou de visite de Valérie. Elle n'en a éprouvé aucune surprise.

Dans sa démarche, Constantin n'a jamais eu la moindre envie d'aboutir. Il n'a jamais eu d'autre but que d'obtenir de la thérapeute l'autorisation de maintenir son comportement brutal et inconséquent vis-à-vis de sa compagne. Il n'avait pas de demande, la thérapeute ne pouvait donc en aucun cas travailler avec lui. Il a interprété cette impossibilité comme une permission. Valérie, à sa manière, est complice. Elle a probablement fait le choix de ne pas consulter elle-même pour ne pas prendre le risque de remettre en cause sa relation avec Constantin, donc son couple. Constantin est brutal avec elle mais, d'une certaine manière, il s'occupe d'elle. En lui demandant de consulter lui-même, elle savait peut-être, inconsciemment, qu'il mettrait en échec la thérapeute. Valérie a exigé de Constantin un geste qu'elle devinait stérile. Ainsi, elle croit qu'elle a tout tenté pour sauver leur couple, mais elle se ment à elle-même. À eux deux, ils ont réussi ce tour de force paradoxal qui consiste à justifier et à consolider leur couple, a priori intenable.

Il est évident que Constantin et Valérie ont un réel problème de violence à l'intérieur de leur couple : la violence de Constantin fait référence à celle des hommes de sa famille ; la soumission-acceptation de Valérie a très certainement à voir aussi avec le modèle féminin ayant cours dans sa propre famille. Il s'agit donc d'une problématique de couple qu'il serait intéressant d'aborder à travers l'approche transgénérationnelle. Il y a eu impossibilité de travail thérapeutique car ni Constantin ni Valérie n'en ont véritablement fait la demande. Ils se contentent, pour l'instant, de cet arrangement de couple qui leur est comme familier, hérité de leurs modèles familiaux respectifs.

La neutralité bienveillante du thérapeute

La neutralité bienveillante consiste, pour le thérapeute, à éviter tout jugement de valeur, toute prise de parti, toute expression de sympathie ou d'antipathie. Elle a été et est encore bien souvent préconisée dans de nombreuses approches, excepté dans la clinique du traumatisme où, au contraire, l'engagement du thérapeute est thérapeutique en soi : le patient ne pourra quitter ce lieu mortifère où l'agresseur l'a abandonné qu'à cette seule condition. Certains patients ont subi de graves préjudices psychiques ou corporels dans leur enfance – coups, violences, abus. Dans ces cas-là, le thérapeute doit reconnaître la réalité de ces blessures pour pouvoir travailler sur les effets pathologiques qui en découlent, le traumatisme.

Le thérapeute doit d'autant plus s'engager au côté du patient que celui-ci, trop souvent, minimise les violences qu'il a subies, voire en doute, ou même les a littéralement oubliées. La frontière entre fantasme et réalité d'un événement est difficile à saisir, mais ce travail se voit facilité toutes les fois où le thérapeute abandonne sa neutralité. Le patient peut alors braver la honte et oser dire. Les manifestations compréhensives du thérapeute, l'empathie active, lui permettent de se sentir reconnu dans son histoire singulière et lui insufflent le courage de se réinscrire dans le fil du temps.

La croyance en la toute-puissance du thérapeute

Le patient a souvent tendance à surinvestir le thérapeute. Il le pense infaillible, apte à résoudre toutes les difficultés, ce qui maintient le patient dans une position d'attente, de dépendance et nuit à l'avancée du travail thérapeutique, en occasionnant parfois chez lui de forts mouvements d'agressivité à l'encontre du thérapeute.

En miroir, le thérapeute ne doit pas considérer qu'il a tous les pouvoirs, ni celui de tout résoudre ni celui de prendre en otage son patient en décidant de tout pour lui. En effet, c'est le patient qui a un problème, c'est donc lui seul qui détient la solution.

Il lui appartient de la découvrir, avec l'aide du thérapeute, et d'en tirer le meilleur profit dans sa vie de tous les jours.

Conclusion

Entre les lignes de ces histoires transgénérationnelles, le lecteur aura peut-être reconnu une part de sa propre histoire, ou quelque chose qui d'une façon étrange le renvoie à un passé plus ou moins lointain. Au cours de sa lecture, un événement a rejailli, un personnage lui a semblé familier, une manière d'être en relation avec l'autre, un parent, un conjoint, ou un enfant, l'a plus particulièrement ému. Il aura découvert des clefs, des manières de voir ou de comprendre différentes, susceptibles d'ouvrir une réflexion nouvelle sur sa vie ou ses difficultés.

Ou bien encore le lecteur aura apprivoisé l'idée d'engager une thérapie transgénérationnelle. Il s'interrogera alors sur la bonne façon de s'y prendre : comment faire et sur quels critères choisir un thérapeute ? Il pourra décider d'en parler à son entourage, être à l'affût de conseils ou de témoignages, ou même d'une adresse. Mais il peut également préférer ne rien dire et faire confiance au hasard. Quoi qu'il en soit, le futur patient doit savoir que l'ingrédient essentiel dans une thérapie transgénérationnelle, comme dans toute autre thérapie, est le lien établi avec le thérapeute. Ce lien concerne autant le patient que le thérapeute, et il se tisse à des niveaux divers, préconscient, conscient et inconscient. Le thérapeute et le patient s'allient dans une rencontre momentanée, fortement significative, qui amène le patient à un changement de perspective intérieure. C'est cette alliance qui soigne. Si ce pacte empathique ne peut être conclu lors des premières séances, il est souhaitable, pour l'un comme pour l'autre, de ne pas poursuivre ensemble. Le travail ne pourrait ni se mettre en place ni aboutir.

Ces huit histoires ont le mérite de souligner l'aspect novateur de la démarche transgénérationnelle, qui consiste à élargir la prise en compte de la problématique du sujet à un contexte familial plus large. Même ceux qui ont déjà une longue expérience psychothérapeutique ou psychanalytique classique peuvent gagner à faire cet « aller-retour » entre histoire personnelle et histoire familiale. Il s'agit d'instaurer un véritable jeu entre le discours narratif sur la famille et le discours narratif sur soi-même, dans un va-et-vient souple qui crée un espace où le je du patient est enfin en mesure de se dégager.

Bibliographie

Albernhe K. et T., *Les Thérapies familiales systémiques*, Masson, 2004.

Angel P. et Mazet P., *Guérir les souffrances familiales*, PUF, 2004.

Bourguignon O., *Le Fraternel*, Dunod, 1999.

Ciccone A., *La Transmission psychique inconsciente*, Dunod, 2001.

Eiguer A., *Le Générationnel. Approche en thérapie familiale psychanalytique*, Dunod, 1997.

Eiguer A., Granjon E. et Loncan A., *La Part des ancêtres*, Dunod, 2006.

Eliacheff C. et Heinich N., *Mères-filles, une relation à trois*, Albin Michel, 2002.

Elkaïm M., *Panorama des thérapies familiales*, Le Seuil, 2003.

Epstein H., *Le Traumatisme en héritage*, La Cause des livres, 2005.

Freud S., *Essais de psychanalyse*, Payot, 1921.

Hachet P., *Cryptes et fantômes en psychanalyse*, L'Harmattan, 2000.

Héritier F., *Les Deux Sœurs et leur mère*, Odile Jacob, 1994.

Héritier F., Cyrulnik B. et Naouri A., *De l'inceste*, Odile Jacob, 2000.

Kaës R., *Transmission de la vie psychique entre générations*, Dunod, 1993.

Lacan J., *Les Complexes familiaux dans la formation de l'individu*, Le Seuil, 2001.

Laplanche J. et Pontalis J.-B., *Vocabulaire de la psychanalyse*, PUF, 1978.

Lemaire J.-G., *Famille, amour, folie*, Centurion, 1989.

Michard P., *La Thérapie contextuelle de Boszormenyi-Nagy*, De Boeck, 2005.

Miermont J., *Dictionnaire des thérapies familiales*, Payot, 2001.

Miller A., *L'Avenir du drame de l'enfant doué*, PUF, 2006 ; *L'Enfant sous terreur*, Aubier, 1986.

Neuburger R., *Le Mythe familial*, ESF, 2003 ; *Les Rituels familiaux*, Payot, 2003 ; *Les familles qui ont la tête à l'envers*, Odile Jacob, 2005.

Olivier C., *Les Enfants de Jocaste*, Denoël, 2003.

Prieur B., *Les Héritages familiaux*, ESF, 1999.

Prieur N., *Nous nous sommes tant trahis. Amour, famille et trahison*, Denoël, 2004.

Tisseron S., *La Honte. Psychanalyse d'un lien social*, Dunod, 1992 ; *Secrets de famille, mode d'emploi*, Marabout, 2003.

Yalom I., *Le Bourreau de l'amour. Histoires de psychothérapie*, Galaade, 2005 ; *Thérapie existentielle*, Galaade, 2008.

Table

DES MÊMES AUTEURS

La Psychogénéalogie expliquée à tous,
Eyrolles, 2007.

Composition IGS-CP
Impression : Imprimerie Floch, février 2010
Éditions Albin Michel
22, rue Huyghens, 75014 Paris
www.albin-michel.fr

ISBN : 978-2-226-20600-8
N° d'édition : 18844/01 – N° d'impression : 75753
Dépôt légal : février 2010
Imprimé en France